제주 교육의 내일

송문석의 교단 36년
# 바람 많은 섬에서 뿌리깊은 나무처럼

송문석 지음

"36년 교단의 길, 제주의 바람 속에서도
아이들의 그늘이 되어준 스승"

"제주의 바람 속에서 교육의 뿌리를
지켜온 한 교사의 깊은 나이테"

"정책과 현장을 두루 거치며
교육의 숲을 가꾼 참된 일꾼"

송문석의 교단 36년
# 『바람 많은 섬에서 뿌리 깊은 나무처럼』

송문석 지음

|머리말|

## 교단 36년, 그리고 내일의 제주 교육

　바람 많은 섬 제주에서 교사로 첫발을 내딛은 지 어느새 삼십여 년의 세월이 흘렀습니다. 교단은 나의 일터이자 삶의 무대였고, 그 안에서 만난 아이들은 나의 제자이자 또 다른 스승이었습니다. 아이들의 눈빛 속에서 나는 늘 시대의 변화를 읽어냈고, 그 변화 속에서 나 자신도 조금씩 성장해 왔습니다.

　분필가루가 교실을 가득 메우던 시절에서부터, 디지털 기기가 칠판을 대신하는 오늘에 이르기까지 교육의 풍경은 크게 달라졌습니다. 하지만 변하지 않은 것이 있습니다. 그것은 아이들을 향한 교사의 마음, 그리고 배움이라는 여정 속에서 서로에게 기대며 살아가는 인간다운 관계입니다.

　교사로 살아온 36년의 시간은 나에게 끊임없는 질문을 던졌습니다. "교육이란 무엇인가? 교사는 누구여야 하는가?" 그 답을 찾기 위해 교실에서 아이들을 바라보았고, 연구실에서 책을 읽었으며, 행정 현장에서 동료들과 토론했습니다. 때로는 무력감에 주저앉기도 했지만, 결국 다시 일어나게 한 힘은 언제나 아이들이었습니다. 아이들은 내게 가르침의 이유이자 배움의 원천이었습니다.

　제주라는 섬은 외롭고 고단한 바람의 땅이었지만, 동시에 깊은 뿌리를 내릴 수 있는 터전이었습니다. 바람에 흔들리지 않으려 더 단단히 서야 했던 나무처럼, 나는 이 땅에서 교사로, 학자로, 교육 행정가로 뿌리를 키워왔습니다. 그 뿌리 위에 오늘의 제주 교육이 서 있고, 내일의 제주 교육이 자라날 것을 믿습니다.

　이 책은 교사로서의 나의 여정을 담은 기록이자, 제주 교육의 현장을 바라본 성찰이며, 앞으로 우리가 함께 만들어가야 할 교육의 방향을 모색하는 나침반입니다. 개인의 회고에 머물지 않고, 아이 한 명 한 명을 하나의 우주로 바라보는 교육 철학을 나누고 싶었습니다.

　퇴임을 앞두고 다시금 마음을 다잡습니다. 이제는 한 교사의 이야기가 아니라, 다음 세대 교사들과 학부모, 제자들에게 전하는 작은 목소리가 되기를 바랍니다. 교육은 결코 한 사람의 힘으로 완성되지 않습니다. 교사와 학생, 학부모와 지역이 함께 어깨를 맞댈 때 비로소 교육은 살아 움직입니다.

　제주 교육의 성장을 위해 고민하며 한 발 한 발 앞으로 나아갈 때 늘 함께해 온 동료 교사들과 스승이 되어 준 학생들과 응원을 아끼지 않은 학부모님들께 깊은 감사를 올립니다.

- 송문석 올림 -

|추천의 글|

『송문석의 교단 36년, 바람 많은 섬에서 뿌리 깊은 나무처럼』을 읽으면서 우리들의 삶의 뿌리인 제주도와 구좌읍을 고향으로 하고 있는 오랜 친구의 열정이 숨쉬는 교사생활 36년이 파노라마처럼 스쳐 가게 됩니다.

송문석과는 세화중학교(27회)와 오현고등학교(30회) 동기동창입니다. 제게도 초·중·고교 시절 지극 정성과 깊은 사랑의 가르침을 주셨던 은사님들이 계십니다. 『송문석의 교단 36년, 바람 많은 섬에서 뿌리 깊은 나무처럼』을 읽으면서 40~50년 전으로 돌아가 송문석 선생님과 정승택 학생으로 만났다면 송문석 선생님 또한 제게 평생 정신적인 버팀목이 되어 줄 은사님이셨겠다는 확신이 들 만큼, 송문석 선생님의 열정과 사랑이 느껴지는 글입니다.

그동안 선생님들이 제게 준 소중한 자산은 단순 지식이 아니라, 소중한 꿈과 미래 성장 가능 가능성을 북돋아주는 관심과 사랑이었던 것 같습니다. 『송문석의 교단 36년, 바람 많은 섬에서 뿌리 깊은 나무처럼』에서는 송문석 친구의 교사생활, 교육철학, 제자들에 대한 정성스런 사랑과 관심이 지금도 제 마음속에 자리 잡고 있는 학창시절 은사님들에게서 느꼈던 모습으로 다가와서 송문석의 교사로서의 열정적 노력에 많은 공감을 할 수 있었습니다. 또한 앞으로 경험을 살려 교육 행정가로서의 제 2막을 기여하겠다는 교육철학에 공감하며 기대와 응원을 보내게 됩니다.

저는 총 34년 9개월(삼성전자 24년 8개월, 삼양그룹 10년 1개월) 회사 생활을 했습니다. 삼성전자 시절에는 브라질 주재원, 미국 주재원 생활도 5년 6개월 경험을 했던 적이 있습니다. 모든 것이 낯선 해외생활 환경에서 많은 어려움들을 봉착하게 될 때마다 문제를 슬기롭게 해결해나갈 수 있게 해준 버팀목들은 고향 제주에서의 학창시절, 은사님들께서 주신 소중한 가르침과 사랑이 있었기 때문일 것입니다. 어려운 문제를 해결하기 위해서는 포기하지 않는 마음, 상대에 대한 배려, 함께 노력하면 해결할 수 있다는 공감 능력 등이 필요하다고 생각합니다.

이번에 송문석의 자서전적인 글을 읽으면서 내 마음속에 그동안 자리잡고 있었던 존경하는 은사님들에게서 느껴졌던 그런 묵직한 느낌을 받게 됩니다. 아마 송문석의 제자들 중에도 제가 예전에 은사님들에게서 느꼈던 것처럼, 송문석 선생님의 가르침과 제자 사랑의 마음이 삶의 소중한 자산이 되어 글로벌 시대의 주역으로 성장할 제자들이 많을 것이라 생각됩니다.

36년의 교사생활을 교장선생님으로서 훌륭하게 마무리하는 송문석 선생님의 긴여정에 뜨거운 축하의 박수를 보내며, 오랜 기간 열정과 노력으로 교육자의 길을 걸어오면서 쌓아온 많은 경험을 바탕으로 퇴직한 이후에도 교육계에 더 기여를 할 수 있는 기회를 갖게 되길 응원합니다.

- 前삼양엔씨켐(주)대표이사, 재경구좌읍민회장
정승택 (중·고교 동창친구)

# 목 차

[머리말] 교단 36년, 그리고 내일의 제주 교육 · 5
[추천의 글] 학창시절 은사님들에게 느꼈던 모습으로 다가온 친구 · 7

## PART I. 나의 교직 인생 36년

1. 교사로 첫발을 내딛던 날 · 13
2. 교실 풍경의 변화 - 분필에서 디지털 칠판까지 · 17
3. 제자들과 함께 웃고 울며 · 21
4. 교육자로서 가장 기억에 남는 순간들 · 24
5. 마지막 교단, 서귀중앙여중 · 27

## PART II. 제주 교육의 현장

1. 제주라는 섬, 그 안의 특별한 교육 현실 · 35
2. 지역과 함께하는 학교, 마을과 함께하는 아이들 · 39
3. 학부모와 교사의 동행 · 46
4. 학교 혁신, 현장에서 부딪히는 과제들 · 50
5. 성적을 올리는 학교, 능력을 키우는 학교 · 54

## PART III. 나의 교육 철학

1. 아이 한 명, 한 명이 하나의 우주다 · 69
2. 인성과 배움의 교육 · 72
3. 교사의 역할 - 가르침에서 길잡이로 · 76
4. 협력과 존중의 학교 문화 · 80
5. 마이크로러닝 시대, 게이미피케이션 교육 · 85

## PART IV. 제주 교육의 미래와 과제

1. 글로벌 시대, 제주 아이들에게 필요한 힘 · 95
2. 디지털 전환과 교육격차 해소 · 99
3. 생태 · 환경 교육의 중요성 · 103
4. 지역 정체성을 살린 제주 교육의 방향 · 107
5. 교사 전문성 강화와 존중받는 교육문화 · 111

## PART V. 퇴임을 앞두고 전하는 말

1. 교사 후배들에게 · 121
2. 학부모와 지역사회에 - 이인위미(異仁爲美) · 124
3. 제자들에게 - 조롱나무처럼 흔들리지 않는 너희의 길을 · 128
4. 교단을 내려오며 - 교육의 밑거름으로 · 131
5. 사랑하는 나의 딸, 아들아 · 138

## PART VI. 송문석, 나는 누구인가?

1. 나의 어린 시절 · 147
2. 초·중·고 이야기 - 교훈 속에 선 나의 길 · 151
3. 대학시절 - 정의와 진리를 찾아 나선 시간 · 155
4. 아내와의 만남 - 기다림으로 시작된 인연 · 158
5. 가족 이야기 - 기다림과 응원 속에서 · 162

[송문석, 나는 누구인가] 100문 100답 자기 성찰 셀프 Q&A · 165
[에필로그] "나의 길은 끝이 아니라, 또 다른 시작" · 173

# Part I
## 나의 교직 인생 36년

# 1. 교사로 첫발을 내딛던 날

1989년 9월 1일, 나는 교사로서 첫발을 내딛었다. 발령지는 서귀여자중학교였다.

구좌읍 한동리에서 서귀포까지 가는 길은 결코 가깝지 않았다. 당시 교통 여건을 생각하면 첫차를 타고도 제시간에 도착하기 어려운 상황이었다. 그래서 결국 이웃 어르신이 몰던 트럭 짐칸에 올라타야 했다. 교단으로 향하는 그 길 위에서 맞은 바람은 차갑고 거칠었지만, 그것은 마치 새로운 삶의 시작을 알리는 세례 같았다. 나는 속으로 다짐했다. 오늘, 나는 교사가 된다.

학교 정문을 들어서는 순간 낯설고 긴장된 분위기가 나를 압도했다. 교무실에 들어서자 분필 냄새와 종이 더미, 그리고 분주하게 움직이는 선배 교사들의 모습이 눈에 들어왔다. 그곳에서 나는 아직 작고 미숙한 신입 교사에 불과했다. 첫 업무로 배정된 것은 도서와 도서관 관리였다. 평소 책을 좋아하던 나에게는 친숙한 분야였지만, 취미로서의 독서가 아니라 책임을 동반한 관리 업무라는 점에서 무게감이 크게 다가왔다. 교사라는 자리가 개인의 성향이 아니라 제도와 책임 속에서 움직여야 한다는 사실을 실감한 순간이었다.

그러나 교무실이 아닌 교실이야말로 나의 진짜 무대였다. 첫 수업에서 교탁에 서자, 수십 쌍의 눈동자가 일제히 나를 향했다. 그 눈빛 속에는 호기심, 기대, 그리고 낯섦이 함께 담겨 있었다. 나는 긴장된 목소리로 자기소개를 했을 것이고, 수업에 필요한 몇 가지 말을 이어갔을 것이다. 하지만 구체적으로 무슨 말을 했는지는 이제 기억나지 않는다. 오히려 뚜렷하게 남아 있는 것은 내 심장이 북소리처럼 요동쳤던 순간이다. 그 떨림조차 아이들에게는 솔직함으로 비쳤던 것 같다. 수업이 끝난 뒤 몇몇 학생이 다가와 "선생님, 잘 부탁드립니다."라는 인사를 건넸다. 그 말은 내 어깨 위의 무게를 새롭게 바꿔놓았다. 단순한 긴장이 아닌, 교사로서의 책임과 보람이 서서히 스며들기 시작했다.

서귀여자중학교에서 보낸 시간은 1년 6개월에 불과했다. 그러나 그 짧은 기간 동안 나는 교사의 길이 무엇인지 분명히 알게 되었다. 단순히 지식을 전달하는 사람이 아니라, 학생과 함께 배우고 성장하는 존재가 되어야 한다는 사실이었다. 좋은 교사가 되려면 끝없이 공부하고 연구해야 하며, 그 과정 자체가 학생들에게 본보기가 되어야 한다는 진리를 배웠다.

돌이켜보면 서귀여중에서의 경험은 나의 교직 인생에서 나침반 같은 역할을 했다. 여러 학교를 거치며 다양한 경험을 했지만, 언제나 교사의 기본은 그곳에서 배운 자세로부터 출발했다. 교사는 멈추지 않고 배우는 사람, 그리고 학생 앞에서 성실히 살아내는 사람이어야 한다는 깨달음이 그곳에서 내 안에 자리 잡았다.

지금도 종종 그 첫날을 떠올린다. 낡은 트럭 짐칸에서 맞던 거센 바람, 교무실의 분주한 공기, 그리고 교실 가득한 학생들의 눈빛. 그 모든 장면이 내 기억 속에 첫 번째 나이테처럼 남아 있다. 나무의 나이테가 한 해의 햇살과 바람, 비와 추위를 품고 있듯 서귀여중에서의 1년 6개월은 내 교직 인생의 근본이자 출발점으로 남았다.

삶에는 누구나 처음이 있다. 나의 교직 인생에서 '처음'은 두려움과 설렘이 교차한 교단이었다. 그리고 그 처음은 내게 끊임없이 질문했다. 너는 어떤 교사가 되고 싶은가? 그 질문은 지금까지도 내 마음속에서 이어지고 있다. 교직 36년의 길 위에서 흔들릴 때마다, 길을 잃을 때마다 나는 다시 그날의 교실을 떠올린다. 학생들의 투명한 눈빛과 맑은 목소리가 나를 다잡아 주었다.

그날의 경험은 단순한 추억이 아니라, 지금도 여전히 나를 지탱해주는 힘이다. 내가 교단에서 버틸 수 있었던 원천은 바로 그 첫날, 내가 교사라는 이름으로 세상 앞에 섰던 순간에서 비롯되었다.

## 2. 교실 풍경의 변화
## – 분필에서 디지털 칠판까지

　내가 교단에 처음 섰던 1980년대 말, 교실의 풍경은 지금과 비교하면 참으로 단순하고 소박했다. 교사의 수업을 가능하게 하는 가장 중요한 도구는 분필과 칠판 그리고 지우개였다. 교사의 말은 곧 지식이었고, 그 지식은 분필가루를 따라 칠판 위에 새겨졌다. 학생들은 그것을 받아 적었고, 수업이 끝나면 지우개가 칠판 위의 글씨를 모두 지웠다. 남은 분필가루는 교실 창가에서 바람에 흩날렸고, 당번 학생이 밖에 나가 지우개를 털어 다시 제자리에 두는 것이 일상이었다.

　분필과 지우개는 단순한 도구였지만 당시 교실의 중심이자 상징이었다. 칠판에 적힌 교사의 글씨는 학생들에게 지식을 전달하는 가장 직접적이고 유일한 통로였다. 학생들은 교사의 말을 한마디도 놓치지 않으려 받아 적었고, 교실의 모든 시선은 늘 칠판과 교사의 손끝에 모였다.

그러나 시간이 흐르면서 교실의 풍경은 크게 달라졌다. 1990년대 후반부터 화상 실물기가 들어오기 시작했다. 교사가 준비한 자료를 화면에 비추어 수업할 수 있는 도구였다. 이어 컴퓨터가 교단에 놓였고, 전자 칠판이 교실 한가운데 자리를 잡았다. 교사의 판서는 디지털 화면에 저장되고, 자료는 인터넷을 통해 손쉽게 가져올 수 있었다. 분필과 지우개는 더 이상 교실의 필수품이 아니었다. 이제 학생들은 분필가루가 묻은 지우개를 털 일도 없어졌다. 교실은 점점 더 깔끔해졌고, 수업 도구는 날로 편리해졌다.

하지만 도구의 변화가 곧 수업의 본질적 변화를 의미하지는 않았다. 내가 교단에 처음 섰을 때 교실은 학생들로 빽빽하게 가득 차 있었다. 한 반에 50명 가까운 학생이 앉아 있었고, 강의식 수업이 당연하게 여겨졌다. 학생 수가 많아도 문제 되지 않았다. 교사의 말이 가장 중요했고, 학생들은 그 말을 외우는 것이 학습의 핵심이었다. 시험 역시 암기한 내용을 얼마나 정확하게 재현하는가를 평가하는 구조였다.

그러나 시대는 변했고 단순한 암기만으로는 부족한 시대가 찾아왔다. 사회는 창의적 문제 해결 능력을 요구했고, 단순 지식의 습득을 넘어 사고력과 비판적 이해를 강조했다. 여기에 더해 저출산의 영향으로 학생 수가 점점 줄어들면서 교실은 더 이상 예전처럼 학생들로 가득 차 있지 않았다. 겉보기에는 학생이 줄어들었으니 수업 환경이 나아진 듯했지만, 그만큼 교사의 역할과 수업 방식에는 더 큰 변화가 요구되었다.

많은 교사들이 새로운 수업 방법을 고민했다. 토론식 수업, 프로젝트 학습, 수행평가 등이 도입되었고, 교사들은 다양한 시도를 이어갔다. 나 역시 강의식 전달에서 벗어나 학생들이 스스로 사고하고 탐구할 수 있는 수업을 실험했다. 그러나 제도와 현실은 쉽게 변하지 않았다. 입시 중심의 구조 속에서 교사의 새로운 시도는 종종 한계에 부딪혔다. 학생 참여형 수업이나 과정 중심 평가의 필요성은 공감대를 얻었지만 실제 현장에서 성과를 내는 것은 쉽지 않았다.

돌이켜보면 교실의 풍경은 분필에서 전자 칠판으로, 그리고 학생 수의 변화와 함께 끊임없이 달라져왔다. 그러나 그 변화의 본질은 단순히 도구나 환경의 변화가 아니었다. 그것은 교육 철학과 학습의 본질에 대한 질문을 우리에게 던졌다. 교사의 판서가 분필로 쓰였든 디지털 화면에 나타났든, 중요한 것은 학생들의 마음속에 어떤 배움이 남는가 하는 점이다.

나는 여전히 분필과 지우개가 있던 시절을 기억한다. 그 시절의 수업은 단순했지만 교사와 학생이 같은 공간에서 호흡하며 배움을 나누는 생생한 시간이 있었다. 이제는 전자 칠판과 컴퓨터가 그 자리를 대신하고 있지만, 그 안에서도 여전히 본질은 같다. 교사는 학생들에게 지식을 전달하는 사람일 뿐 아니라, 배우는 방법을 가르치고 삶을 살아갈 힘을 길러주는 사람이어야 한다는 것이다.

36년의 교직 생활동안 교실의 도구가 어떻게 변해왔는지를 몸소 경험했다. 그러나 그 모든 변화를 넘어 내 마음속에는 하나의 질문이 남는다. 나는 교사로서 학생들에게 무엇을 남겼는가? 분필에서 디지털 칠판으로 이어진 긴 여정 속에서 나는 여전히 그 질문에 대한 답을 찾아가고 있다.

## 3. 제자들과 함께 웃고 울며

기억에 오래 남는 순간들은 대개 예상치 못한 장면에서 찾아온다. 제주중앙여자고등학교에 근무하던 시절, 지금도 웃음 섞인 추억으로 떠오르는 사건이 있다. 바로 만우절 소동이다.

그 당시 대부분의 학생들은 늦은 밤까지 교실에 남아 야간 자율 학습을 했다. 교실마다 형광등 불빛이 환하게 켜져 있었고, 학생들은 묵묵히 책상에 앉아 시험 준비에 몰두했다. 교사인 나 역시 그 시간만큼은 교실을 돌며 아이들이 잘 공부하는지 살피고, 때로는 조용히 격려의 말을 건네곤 했다. 그런데 그날 밤은 달랐다.

갑자기 교무실 문을 두드리는 소리가 들렸다. 문을 열자 중국집 배달부가 서 있었다. 그는 손에 여러 개의 짜장면이 담긴 배달 상자를 들고 있었다. 운동장에 도착한 음식이 우리 반 학생수와 딱 맞는 양이라고 했다. 배달부는 돈을 받으러 교실로 안내해 달라며 "이거 선생님이 시키셨다고 들었습니다."라고 말했다. 순간 나는 상황을 직감했다. 만우절, 아이들이 준비한 장난이었다.

교실로 가보니 아이들은 이미 짜장면을 받아들고 즐겁게 먹고 있었다. 눈치를 보며 웃음을 참지 못하는 아이들의 모습에서 그들의 장난이 성공했음을 알 수 있었다. 배달부는 영문을 몰라 어리둥절했고, 나는 웃음 반, 당혹스러움 반으로 상황을 정리해야 했다. 결국 아이들은 짜장면을 맛있게 먹었고, 나는 배달비를 대신 지불해야 했다.

그날 밤의 풍경은 아직도 내 기억 속에 선명하다. 교실 가득 퍼진 짜장면 냄새, 웃음을 참으며 젓가락을 움직이던 아이들, 그리고 놀란 듯 서 있던 배달부의 표정까지. 학생들의 장난은 분명 교사의 입장에서 보면 다소 곤란한 일이었다. 하지만 돌이켜보면 그것은 교실을 살아 있게 하는 힘이었다. 그 순간만큼은 공부와 시험, 성적의 무게에서 벗어나 모두가 함께 웃을 수 있었기 때문이다.

교사는 종종 학생들의 장난 앞에서 고민한다. 어디까지 허용해야 하는지, 어떻게 받아들여야 하는지. 그러나 나는 그날을 계기로 장난에도 배움이 있다는 사실을 깨달았다. 학생들은 장난을 통해 연대감을 키우고, 작은 일탈을 통해 일상의 긴장을 풀었다. 그리고 교사인 나는 그 장면을 통해 학생들을 단순히 공부하는 존재로만 보아서는 안 된다는 사실을 배웠다. 그들도 웃고 싶고, 장난치고 싶고, 때로는 규칙을 넘어서는 자유를 갈망하는 평범한 청소년이었다.

그날 이후 나는 아이들의 웃음과 눈물을 있는 그대로 받아들이려 노력했다. 교사의 권위만으로 학생들을 이끌 수는 없다는 것을 알았기 때문이다. 때로는 함께 웃고, 때로는 함께 울어야 했다. 아이들이 보여주는 장난과 눈물, 고민과 기쁨 속에서 나는 또 다른 교훈을 얻었다. 교실은 단지 지식을 전하는 공간이 아니라, 삶의 희로애락이 함께 녹아드는 공동체였다.

지금 돌이켜보면 만우절 소동은 내 교직 인생에서 작은 사건에 불과했다. 그러나 그 사건은 교사와 제자가 단순한 가르침과 배움의 관계를 넘어, 함께 웃고 울며 살아가는 동행자임을 일깨워 주었다. 나는 그날의 짜장면 냄새와 아이들의 웃음을 아직도 생생히 기억한다. 그것은 내게 교직이 주는 기쁨의 본질을 알려준 소중한 순간이었다.

## 4. 교육자로서 가장 기억에 남는 순간들

내 교직 생활 동안 수많은 학생을 만났지만, 지금도 가장 선명하게 기억나는 학생이 있다. 제주외국어고등학교에 근무할 때였다. 외국어고등학교라는 이름에 걸맞게 학생들의 영어 실력은 뛰어났다. 모의고사 성적을 보면 반 학생들 중 40% 가까이가 영어 영역에서 1등급을 받을 정도였다. 그러나 언어 영역, 수리 영역 등 다른 과목의 성적 분포는 일반계 고등학교와 크게 다르지 않았다. 외국어에 특화된 학교였지만 전반적인 학업 성취는 그렇게 특별히 높은 수준은 아니었던 셈이다.

그중에서도 내 마음에 깊은 흔적을 남긴 학생이 있었다. 여기서는 '영이'라고 부르겠다. 영이는 성실하고 교사를 존경하는 학생이었다. 국어 수업에도 늘 열심히 참여했고, 수업 시간 외에도 책을 읽으며 자기 성장을 위해 끊임없이 노력했다. 그러나 안타깝게도 언어 영역 모의고사 성적은 좀처럼 오르지 않았다. 시험이 끝날 때마다 그는 나를 찾아왔고, 어김없이 눈물을 보였다. 교사로서 그 눈물을 마주할 때마다 내 마음은 무겁게 가라앉았다.

나는 고민에 빠졌다. 열심히 노력하는 학생이 왜 성적의 장벽을 넘지 못하는가? 단순히 재능의 차이로만 설명할 수는 없었다. 아이가 글을 읽는 과정에서 어떤 일이 일어나는지, 이해의 단계에서 어떤 어려움을 겪는지 깊이 생각했다. 결국 나는 언어 처리 능력을 진단할 수 있는 검사지를 직접 만들어 보기로 했다. 단순한 성적표나 시험 점수로는 설명되지 않는 영역을 살피고 싶었다.

그 과정을 통해 나는 학생들의 독서 능력을 체계적으로 키울 수 있는 '리딩 프로그램'을 구상했다. 독서 과정에서 단어를 이해하고, 문장을 해석하며, 문맥 속 의미를 통합하는 일련의 단계들을 분석하고 훈련할 수 있는 프로그램이었다. 당시로서는 교사 개인이 만들기에는 쉽지 않은 일이었지만, 나는 영이와 같은 학생을 돕고 싶다는 간절한 마음으로 연구를 이어 갔다.

그러나 안타깝게도 그 프로그램이 결실을 맺을 무렵 나는 다른 학교로 전근을 가게 되었다. 영이는 그 혜택을 누리지 못했다. 대신 표선고등학교에서 만난 학생들이 내가 만든 프로그램의 도움을 받을 수 있었다. 프로그램은 효과를 보였고, 학생들의 언어 이해 능력 향상에 일정한 성과를 남겼다. 하지만 그 성과를 바라보는 순간마다 나는 여전히 영이를 떠올렸다. 시험 성적 앞에서 늘 눈물을 보이던 그의 모습, 노력했음에도 좌절해야 했던 표정이 지금도 내 마음속에 남아 있다.

교직 인생을 돌아보면 가장 아쉬운 순간은 언제나 내가 제자의 고통을 완전히 덜어 주지 못했다는 데 있다. 나는 그 학생에게 최선을 다했지만 제도적 한계와 시간적 제약 속에서 끝내 원하는 결과를 주지 못했다. 그 경험은 내게 교사로서의 무력감을 안겨 주었지만, 동시에 교육자로서의 새로운 길을 찾게 만들었다. 바로 학생들의 눈물에서 출발해 연구하고 개선하며 더 나은 교육의 방법을 모색하는 길이었다.

지금도 '시험을 못 봐서 속상하다'며 울던 영이가 생각난다. 그 아이의 눈물은 교사로서 내게 준 가장 큰 가르침이었다. 교사의 임무는 단순히 성적을 올려 주는 것이 아니라, 학생이 배우는 과정을 이해하고 그 과정을 돕는 일이라는 사실. 그것은 내 교직 인생 전체를 관통하는 중요한 깨달음이 되었다.

## 5. 마지막 교단, 서귀중앙여중

　내 교직의 시작과 끝은 서귀포였다. 그리고 여중에서 시작하여 여중에서 마무리되었다는 점에서 내 교직 인생은 묘하게도 하나의 원을 이루었다. 서귀중앙여중에서 교장으로 근무한 시절은 내게 교육자로서 마지막 과제를 주었다.

　부임하여 가장 먼저 살펴본 것은 학교의 교육 목표였다. 그러나 그 목표는 추상적이고 모호했다. "학생들의 인격을 함양한다.", "미래 사회에 적응할 수 있는 능력을 기른다."와 같은 말들은 좋은 문구이지만, 구체적으로 무엇을 어떻게 하겠다는 것인지는 드러나지 않았다. 교사들에게 실질적인 지침이 되기에는 한계가 있었다.

나는 교육 목표를 새롭게 정립해야 한다고 판단했다. 그래서 동료 교사들과 함께 논의하며 질문을 던졌다. "우리 학교에 들어온 아이들이 3년 동안 어떤 능력을 키우고 나가야 하는가? 교과별로, 학기별로 어떤 성장을 구체적으로 이끌어낼 수 있는가?"

그 과정에서 우리는 교과 협의회를 거듭 열었고, 학년별·학기별 교육 중점을 설정했다. 단순히 교과 지식을 가르치는 차원을 넘어 학생들의 종합적 성장을 위한 3년의 교육과정을 설계했다. 각 교과는 '1년 단위 교육과정'에서 '3년 성장 중심 교육과정'으로 전환되었고, 학생 개개인의 성장을 확인할 수 있는 구체적 성취 목표를 세웠다.

그렇게 해서 만들어진 것이 13가지로 구성된 서귀중앙여중의 새로운 교육 목표였다. 이 목표들은 단순한 슬로건이 아니라 실제 수업과 생활 교육에 녹아들어 학생 성장의 길잡이가 되었다. 교사들도 연간 수업 계획을 세울 때 학생 성장의 3년 설계와 연결해 계획을 수립했다. 학교 교육이 더 이상 교사 중심의 운영이 아니라 학생 성장 중심의 체계로 재편된 것이다.

나는 교장으로서 이 과정을 주도하며, 학교가 아이들의 성장을 구체적으로 책임지는 구조를 만들고자 했다. 추상적인 가치보다 구체적인 실천이 필요하다는 것을 절실히 느꼈기 때문이다. 교육 목표가 종이 위의 문구로만 존재하는 것이 아니라, 학생들의 생활 속에서 실제로 체험되고 실현되는 방향을 추구했다.

서귀중앙여중에서의 시간은 내 교직 인생의 마지막 나이테였다. 교직의 첫 시작을 서귀여중에서 했던 내가 마침내 서귀중앙여중에서 교장으로 퇴임을 준비하게 된 것은 결코 우연만은 아닐 것이다. 나는 시작과 끝이 같은 공간에서 이어졌다는 사실 속에서 교직 인생의 완결성을 느낀다.

마지막 교단에서 나는 교사와 학교가 추구해야 할 본질을 다시 확인했다. 교육은 아이들을 '가르친다'는 말로 설명되기보다는, 아이들이 '성장하도록 돕는 것'이라는 사실이다. 그리고 그 성장은 하루, 한 달, 1년 단위로 완성되지 않는다. 그것은 긴 시간의 설계와 꾸준한 실천이 필요한 일이다. 서귀중앙여중에서의 노력은 비록 완전하지 않았지만 그 방향을 제시했다는 점에서 내게 큰 의미로 남아 있다.

## 서귀중앙여자중학교는

♣ 원서 6권을 읽고 생활영어를 구사할 수 있는 학생
♣ 문학 작품을 감상하고 글로 표현할 수 있는 학생
♣ 한자 200자를 익혀 1000개의 어휘를 조어할 수 있는 학생
♣ 작사 작곡하여 음원 한곡을 만들 수 있는 학생
♣ 생각을 미술작품으로 만들고 설명할 수 있는 학생
♣ 다양한 종목을 경험하며 스포츠를 즐기는 학생
♣ 생활속 기술적 문제 해결과 현명한 의식주 생활을 실천하는 학생
♣ 사회적 이슈를 도덕적 가치관으로 설명할 수 있는 학생
♣ 역사적 사실과 사회적 현상을 유기적으로 설명할 수 있는 학생
♣ 다양한 현실문제를 수학적 사고로 해결할 수 있는 학생
♣ 과학적 소양을 갖춘 창의적인 학생
♣ 10분이상 일본어를 말할 수 있는 학생으로 키우겠습니다.

입학식 환영사

안녕하십니까. 서귀중앙여자중학교장 송문석입니다.

서귀중앙여자중학교에 입학하는 신입생 여러분, 환영합니다!

사랑하는 신입생 여러분! 이곳은 여러분의 새로운 모험이 시작되는 곳입니다. 중학교 생활은 여러분에게 여러 새로운 도전이며, 성장의 기회로 가득 차 있습니다. 여러분은 이제부터 새로운 지식을 배우고, 새로운 친구들을 만나며, 새로운 꿈을 키우게 될 것입니다. 이 자리를 빌려 몇 가지 당부의 말씀을 드립니다.

스스로 할 수 있는 일은 스스로 하는 학생이 되어 주십시오. 초등학교 때까지는 아침에 일어나서 준비하고 등교하는 일에 부모님의 도움을 많이 받았다면, 중학생이 된 오늘부터는 자신이 할 수 있는 일은 스스로 할 수 있도록 노력하십시오. 학교에서 가르치는 지식과 지혜, 창의력과 열정은 여러분이 스스로 할 때 비로소 여러분의 것이 됩니다. 스스로 할 때만 여러분의 무한한 잠재력이 최대로 발휘될 수 있을 것입니다.

사랑하는 입학생 여러분! 소통하고 협력하는 학생이 되어 주십시오. 학교에서 배우는 새로운 지식만큼 새로운 관계를 맺고 관리하는 능력을 배우는 것도 중요합니다. 소통하고 협력하기 위해서는 지금까지 나를 중심으로 생각하고 행동했던 것을 타인의 입장에서 바라볼 수 있어야 합니다. 그렇게 할 때 새로운 친구를 사귀는 것뿐만 아니라 협력하고 소통하는 능력도 크게 신장될 것입니다.

　즐겁게 고생하는 학생이 되어 주십시오. 중학교 생활은 새로운 시작입니다. 이제부터 여러분은 더 많이 학습하고, 더 많이 활동하며, 더 많이 자신의 주장을 말해야 합니다. 그리고 더 많이 선생님의 말씀과 친구들의 주장을 경청해야 합니다. 이 과정에 어려움이나 고생이 있겠지만 즐겁게 고생할 수 있는 학생이 되어 주십시오. 혹 부모님이 걱정하신다면 "이 정도는 내가 할 수 있어요."라고 말할 수 있는 학생이 되어 주십시오.

　아울러 지금까지 13년 동안 노심초사하며 키워 오신 입학생 학부모님의 고생에 깊은 위로와 존경을 보냅니다. 앞으로 3년 동안 아이들이 잘 성장할 수 있도록 최선을 다하겠습니다. 아이의 성장을 위해 부모님의 협력이 필요하면 제가 언제든 부모님께 도움을 요청하겠습니다. 부모님께서도 학교의 도움이 필요하시면 언제든 연락 주시면 협력하겠습니다.

　마지막으로 서귀중앙여자중학교가 입학생과 학부모님 모두에게 성장과 성취를 경험하는 좋은 학교가 될 수 있도록 최선을 다할 것을 약속드리며, 여러분의 입학과 중학교 3년 여정이 빛나기를 기대합니다.

　다시 한번 환영합니다. 함께 멋진 여정을 떠나 봅시다!

# Part II
## 제주 교육의 현장

# 1. 제주라는 섬,
# 그 안의 특별한 교육 현실

제주는 바람과 돌, 그리고 공동체의 정신으로 살아온 섬이다. 예전의 제주는 마을 단위의 작은 공동체가 유기적으로 연결된 사회였다. 학교는 단순히 지식을 전달하는 공간이 아니라, 마을이 함께 땅을 내놓고 돈을 모아 세운 교육 공동체의 상징이었다. 아이 하나가 학교에 입학하면 온 마을이 그 아이의 성장을 지켜보고 응원했으며, 서로의 집안사를 훤히 알 만큼 촘촘한 관계망 속에서 교육은 곧 삶이었다.

그러나 관광 개발과 도시화의 물결은 제주에도 익명성을 불러왔다. 아파트가 늘어나고 외지에서 들어온 사람들이 정착하면서 이제는 옆집에 누가 사는지도 모르는 사회로 변해 가고 있다. 공동체적 유대와 익명성이 뒤섞인 이 낯선 상황 속에서 학교는 혼란을 겪고 있다. 개인주의를 기반으로 한 교육을 지향해야 할지, 공동체적 연대 속에서 교육의 가치를 새롭게 일궈야 할지 갈

피를 잡지 못하고 있는 것이다. 이는 단순한 교육 방법의 문제가 아니라, 교육 철학의 본질과 맞닿아 있다. 교육이란 개인의 자유와 성취를 존중하면서도 동시에 공동체 속에서 책임과 나눔을 배우게 하는 과정이어야 한다. 제주 교육이 다시 길을 찾아야 하는 지점은 바로 이 균형의 철학에 있다.

**청년들이 탈출하는 섬, 머물고 싶은 섬으로**

오늘날 제주 교육이 마주한 또 하나의 현실은 청년 유출이다. 열심히 공부해서 우수한 인재로 자라난 청년들이 정작 섬을 떠나 육지로, 더 넓은 세상으로 나아간다. 이는 단순한 개인의 선택이 아니라, 교육과 지역 사회, 경제 구조가 선순환을 이루지 못한 결과다. 대학, 기업, 지역 일자리가 유기적으로 연결되지 못한 상황에서 청년들은 당연히 기회의 땅을 찾아 떠날 수밖에 없다.

이 문제는 어느 한 기관만의 책임으로 돌릴 수 없다. 교육청, 대학, 지자체, 지역 기업 모두가 함께 책임을 나눠야 한다. 청년이 머물고 싶어 하는 섬을 만드는 것은 단순히 일자리 창출에 그치지 않는다. 그들이 삶의 의미와 미래의 비전을 발견할 수 있는 교육의 토대가 마련되어야 한다. 청년들이 제주에 뿌리내릴 수 있도록, 교육은 더 이상 단절된 지식 전달에 머물러서는 안 된다. 교육이 지역의 역사, 문화, 산업과 맞물려 청년들에게 '제주에서 살아가는 이유'를 제공해야 한다.

**아픈 역사의 섬, 4·3을 통한 교육의 성찰**

　제주 교육이 직면한 가장 본질적인 과제 중 하나는 아픈 역사를 직시하고 극복하는 일이다. 제주는 4·3이라는 깊은 상처를 지닌 섬이다. 동족이 서로를 향해 총을 겨누고, 마을이 불타고, 무고한 민간인이 희생된 4·3은 아직도 많은 이들에게 지워지지 않는 고통이다. 교육은 이 역사를 덮어 두거나 잊게 만드는 것이 아니라, 기억하고 성찰하며 미래 세대가 다시는 같은 비극을 반복하지 않도록 길을 밝히는 역할을 해야 한다.

　교육 철학의 본질은 인간을 인간답게 만드는 것에 있다. 인간의 존엄, 자유, 정의, 평화의 가치를 가르치지 못한다면 그것은 더 이상 교육이라 부를 수 없다. 제주에서 4·3은 단순한 지역 사건이 아니라, 교육이 반드시 다루어야 할 인간의 존엄에 관한 교훈이다. 아이들이 4·3을 배우는 것은 가해와 피해의 구도를 단순히 아는 것이 아니라, 역사 속에서 인간이 어떻게 잘못된 길로 빠져들 수 있는지, 그리고 어떻게 다시 회복할 수 있는지를 성찰하는 과정이어야 한다.

　따라서 제주 교육은 4·3을 지역사의 일부로만 가르칠 것이 아니라, 보편적 인권과 평화 교육의 토대로 삼아야 한다. 이는 단순히 제주 아이들에게만 필요한 것이 아니다. 한국 사회 전체가 4·3에서 배워야 하고, 세계 시민 교육의 차원에서 공유해야 할 가치다. 제주 교육이 4·3을 정직하게 가르칠 때, 비로소 교육은 역사적 아픔을 치유하고 미래의 희망을 여는 힘이 된다.

**교육 철학적 본질과 제주 교육의 길**

제주 교육의 본질적 과제는 세 가지로 정리될 수 있다. 첫째, 개인과 공동체의 균형을 회복하는 일이다. 익명성과 공동체가 뒤섞인 현실 속에서 교육은 개인의 자유와 책임, 공동체적 연대와 협력을 함께 길러야 한다. 둘째, 청년이 머무는 섬을 만드는 일이다. 이는 지식만이 아니라, 삶의 의미와 지역적 자긍심을 심어 주는 교육이 되어야 한다. 셋째, 역사와 인간에 대한 성찰이다. 4·3을 비롯한 아픈 역사를 외면하지 않고, 교육을 통해 인간의 존엄과 평화의 가치를 심는 것이다.

결국 교육은 단순히 시험을 위한 준비가 아니라, 삶의 의미를 찾는 과정이다. 제주라는 특수한 공간에서 교육은 지역과 세계를 잇는 가교가 되어야 한다. 섬이라는 한계를 넘어 세계로 나아가되 동시에 섬의 뿌리 깊은 정신을 지켜내는 교육, 그것이 바로 제주 교육이 나아가야 할 길이다.

# 2. 지역과 함께하는 학교, 마을과 함께하는 아이들

학교는 결코 고립된 섬이 아니다. 교육은 삶과 분리될 수 없고, 삶은 지역이라는 구체적 토양 위에서 이루어진다. 우리는 오랫동안 학교와 지역사회가 불가분의 관계에 있으며, 아이들을 성장시키는 중요한 단위가 바로 마을이라는 사실을 강조해왔다. 그러나 여전히 현실에서 지역과 학교의 협력은 요원하다. 구호는 많지만 실천은 부족하다. 학교 교육과정 안에 지역의 자산과 문화를 어떻게 녹여 넣을지에 대해 학교는 충분히 고민하지 못했고, 지역 또한 교육의 주체로 나서지 못했다.

흔히 "한 아이를 키우기 위해 온 마을이 필요하다."고 말한다. 하지만 정작 마을이 한 아이를 키우기 위해 나선 경우는 드물었다. 아니, 정확히 말하면 마을은 어떻게 나서야 하는지 알지 못했다. 교육은 학교의 전유물이 아니며, 마을의 삶 전체가 곧 교육의 장이 될 수 있다. 그러나 우리는 그 사실을 알고 있으면서도 실천하지 못했다. 교육을 학교에만 맡기고, 마을은 구경꾼이 되어버린 것이다.

오늘날 아이들의 시각에서 지역과 마을은 이미 물리적 공간이 아니다. 그들에게 마을은 디지털 세계이고, 지역은 인터넷 공간이다. 아이들은 유튜브, 게임, SNS 속에서 소속감을 찾고 친구를 만나며, 그곳에서 정체성을 쌓는다. 디지털 세계가 아이들의 새로운 마을이 되어버린 것이다. 그렇다면 우리는 어떤 질문을 던져야 할까? "아이들을 디지털 세계로부터 떼어내야 하는가?"가 아니라, "디지털 시대에 물리적 지역과 마을이 어떻게 다시 교육적 의미를 가질 수 있는가?"라는 질문이다.

이를 위해선 지역과 마을이 구체적으로 움직여야 한다. 아이들이 놀면서 배우는 체험터를 마련해주어야 한다. 학원과 교실에서만 배우는 배움이 아니라, 마을의 들과 밭, 바다와 산, 전통시장과 공방에서 살아 있는 배움이 일어나야 한다. 안타깝게도 지금까지의 현실은 그렇지 못했다. 지역은 아이들에게 그런 배움의 터전을 거의 제공하지 못했고, 아이들은 지역을 체험할 기회를 잃었다.

특히 방학은 아이들이 지역과 마을을 만날 수 있는 결정적 시간이다. 1년의 1/4에 해당하는 이 시간 동안 지역은 아이들에게 무엇을 주었는가? 교육청도, 지자체도, 마을도 실질적으로 손을 대지 못했다. 말로는 "온 마을이 나서야 한다."고 외쳤지만, 실상은 아무도 나서지 않았다. 결국 아이들은 스마트폰과 디지털 세상에 방학을 빼앗겼다.

교육철학적으로 볼 때, 지역과 마을이 아이들에게 제공해야 할 것은 단순한 체험활동이 아니다. 그것은 아이들이 뿌리를 내릴 수 있는 터전이다. 아이들이 자신이 태어나고 자란 지역에서 의미를 발견하고, 마을 사람들과 관계를 맺으며, 삶의 지혜를 배우는 경험이다. 그것은 곧 교육의 본질이자 인간다움의 뿌리다.

철학자 존 듀이 John Dewey는 학교를 "작은 사회"라 불렀다. 그러나 그 작은 사회가 더 큰 지역사회와 연결되지 않는다면, 학교는 현실과 동떨어진 폐쇄된 공간에 불과하다. 아이들이 학교에서 배운 지식을 마을에서 실천하고, 마을의 삶을 학교 안으로 가져오는 상호작용이 필요하다. 그렇게 할 때 비로소 학교는 살아 있는 배움의 장이 되고, 마을은 교육의 주체로 설 수 있다.

제주라는 섬은 그 자체로 거대한 교육의 장이다. 돌담길과 올레길, 바람 부는 들판과 바다, 4·3의 기억과 설화가 살아 있는 마을들은 교과서보다 더 생생한 배움의 교재다. 문제는 그것을 어떻게 아이들의 교육과정 속에 녹여낼지다. 지역이 스스로 고민하고, 학교에 요구해야 한다. 학교가 모든 해답을 내놓을 수는 없다. 마을 어르신이 전해주는 삶의 이야기, 농부가 보여주는 땅의 지혜, 어부가 들려주는 바다의 이치는 모두 교육의 소중한 자원이다.

따라서 우리는 이제 교육의 패러다임을 바꾸어야 한다. 학교가 마을 속으로 들어가고, 마을이 학교가 되는 것. 그것이 미래 교육의 길이다. 지역과 함께하는 학교, 마을과 함께하는 아이들이 될 때, 아이들의 뿌리는 깊어진다. 뿌리가 깊어진 아이는 쉽게 흔들리지 않는다. 뿌리가 단단한 아이가 자라날 때, 지역도 튼튼해지고 마을도 건강해진다.

결국 교육은 지식의 전수가 아니라 삶의 전승이다. 그리고 그 삶의 전승은 학교 혼자 할 수 없다. 지역이, 마을이, 공동체가 함께해야 한다. 그것이 바로 우리가 지역과 함께하는 학교, 마을과 함께하는 아이들을 다시 외쳐야 하는 이유다.

〈손바닥 칼럼〉 - 실천적 방안

## 지역과 학교, 마을과 아이들을 잇는 실행 모델

1. 방학 지역체험 프로그램 설계

　방학은 아이들이 지역과 마을을 만날 수 있는 가장 중요한 시간이다. 지금까지는 학원이나 디지털 공간이 방학을 점유했지만, 이제는 지역이 나서야 한다.

♠ 마을 박물관형 프로그램 : 마을 회관이나 유휴 건물을 활용해 아이들이 역사, 전통, 문화를 체험할 수 있는 작은 박물관으로 운영한다.
♠ 1인 1마을 체험 : 학생이 방학 동안 자신이 속한 마을의 특정 분야(농업, 어업, 공예, 상업 등)를 집중 체험하도록 연결한다.
♠ 공동체 봉사활동 : 방학 동안 마을의 환경 개선, 노인 돌봄, 전통시장 돕기 등 아이들이 직접 마을을 돌보는 활동을 통해 책임감을 배우게 한다.

2. 마을 어르신 참여형 교육

　제주의 마을에는 수많은 삶의 이야기가 묻어 있다. 그러나 그것이 교육으로 연결되지 못하고 사라지고 있다. 이를 살리기 위해서는 마을 어르신이 교육의 주체로 나서야 한다.

♠ 구술사(口述史) 교육 : 어르신이 살아온 이야기, 4·3의 기억, 농사와 어업의 지혜를 직접 아이들에게 들려준다. 이는 교과서에 없는 살아 있는 역사 수업이다.
♠ 전통 기술 전승 프로그램 : 제주 돌담 쌓기, 해녀 문화, 전통 음식 만들기 등 마을의 기술과 문화를 체험하게 하여 아이들이 지역 정체성을 배운다.

### 3. 디지털과 지역을 잇는 하이브리드 교육

아이들은 이미 디지털 세대이다. 그렇다면 단순히 디지털을 부정할 것이 아니라, 지역과 연결하는 다리로 활용해야 한다.

♠ 디지털 아카이빙 : 아이들이 마을 체험 활동을 영상이나 블로그, SNS로 기록해 온라인에 공유하도록 한다. 이를 통해 마을은 세계와 연결된다.
♠ 온라인 멘토링 : 지역을 떠난 청년 선배들이 온라인으로 후배들과 연결되어 경험을 나누는 장을 마련한다. 이는 청년 유출 문제를 극복하는 하나의 해법이 된다.
♠ 마을 메타버스 구축 : 실제 마을을 디지털 공간에 구현해 아이들이 디지털 세상에서도 자신의 지역을 탐험하고 이해하도록 한다.

### 4. 지자체·교육청·학교의 연합 거버넌스

지역과 학교가 함께하려면 제도적 기반이 필요하다. 개별

학교나 마을의 노력만으로는 지속성이 떨어진다.

♠ '온마을 교육 협의체' 구성 : 교육청, 지자체, 학교, 학부모, 지역 인사, 청년, 어르신이 함께 참여하는 협의체를 만들어 정기적으로 의제를 논의한다.
♠ 예산과 행정 지원 : 지자체와 교육청이 공동 예산을 마련해 방학 체험, 지역 연계 교육과정을 안정적으로 운영할 수 있도록 한다.
♠ 학교-지역 공동교육과정 : 특정 교과 수업 일부를 지역에서 진행하도록 하여 학교와 마을의 경계를 허문다.

5. 궁극적 비전: "학교=마을, 마을=학교"
　　장기적으로 지역과 학교는 상호 보완적 관계를 넘어 서로가 서로의 교육장이 되는 구조로 발전해야 한다.

♠ 마을은 학교처럼 아이들을 길러내는 교육장이 되고,
♠ 학교는 마을의 삶을 담아내는 거울이 된다.

　　이렇게 될 때 아이들은 더 이상 "디지털 세계 속의 익명성"에만 머무르지 않는다. 자신이 살아가는 지역과 마을에서 뿌리 깊게 자라며, 동시에 세계와 연결된 열린 시각을 갖게 된다. 그것이 바로 지역과 함께하는 학교, 마을과 함께하는 아이들이 지향해야 할 교육의 미래다.

## 3. 학부모와 교사의 동행

........................................

나는 교단에서 30년 넘게 아이들과 함께 걸어왔다. 그러나 그 길은 결코 혼자 걸을 수 있는 길이 아니었다. 아이 곁에는 언제나 부모가 있었고, 또 교사가 있었다. 아이의 한 손은 부모가, 다른 한 손은 교사가 잡고 함께 걸어가는 것이 교육의 모습이다. 문제는 이 셋이 같은 방향을 향해 나아가고 있는가 하는 점이다.

돌이켜보면 내가 교단에 처음 섰을 때는 교사가 앞장서 걷는 시대였다. 부모는 교사의 뒷모습을 신뢰하며 아이를 맡겼다. 교사가 앞장서 길을 내고, 아이는 그 길을 따라가며, 부모는 뒤에서 묵묵히 응원하는 듯했다. 그 시절에는 그것이 최선이었다고 믿었다. 하지만 세상은 변했고, 부모와 교사와 아이의 관계도 달라졌다.

요즘의 교육 현장은 갈등의 연속이다. 서이초 사건, 제주중 사건, 그리고 명재완 사건에서 보듯이 교사와 학부모 사이의 불신과 충돌은 더 이상 특정한 사건이 아니다. 우리 사회가 함께 짊어져야 할 구조적인 문제로 드러나고 있다. 누군가는 부모가 지나치게 아이를 앞세운다고 하고, 또 누군가는 교사가 책임을 다하지 않는다고 말한다. 아이는 그 사이에서 흔들리며, 때로는 손을 뿌리치고 혼자 가겠다고 버틴다.

나 역시 교사로서, 때로는 학부모와 날 선 대화를 나눌 때가 있었다. 아이의 성적 문제, 생활 태도의 문제, 교사의 생활 지도 방식에 대한 문제…. 그 과정에서 '나는 교사다, 전문가다'라는 자존심 때문에 부모의 목소리를 가볍게 들은 적도 있다. 그러나 시간이 흐르면서 깨달았다. 아이는 교사의 제자이면서 동시에 부모의 자녀라는 사실을 잊어서는 안 된다는 것을. 아이를 빼놓고 부모와 교사만 동행한다는 것은 있을 수 없는 일이다. 동행의 이유는 오직 아이에게 있기 때문이다.

그렇다면 어떻게 동행할 수 있을까. 나는 그 해답을 '목표의 공유'에서 찾는다. 아이의 성장을 향한 목표를 부모와 교사가 함께 나눌 때 비로소 협력의 길이 열린다. 목표가 공유되지 않는다면 남는 것은 성적뿐이다. 성적이 유일한 기준이 되면 학교는 학원으로 전락하고, 교사는 점수를 관리하는 사람으로만 남는다. 그럴 때 학부모는 만족하지 못하고, 교사는 소진되고, 아이는 지쳐 버린다.

내가 만난 수많은 부모님 중에는 이런 갈등의 벽을 넘어선 이들도 있었다. 그분들은 내게 늘 이렇게 말씀하셨다.

"선생님, 저희 아이가 성적이 조금 부족해도 괜찮습니다. 바른 사람이 되도록 이끌어 주십시오."

이 말을 들을 때마다 나는 큰 위로를 받았다. 학부모와 교사가 아이의 '사람됨'이라는 같은 목표를 바라볼 때 협력은 저절로 이루어졌다.

물론 모든 부모가 그런 것은 아니었다. 때로는 성적표 한 장 때문에 날카로운 불만이 쏟아졌다. 아이가 아닌 점수와 순위가 대화의 주제가 되면 동행은 끊어진다. 나도 그런 상황에서는 교사의 자존심으로 방어하기 급급했다. 하지만 결국 상처는 아이에게 돌아간다는 사실을 뒤늦게 알았다.

이제 퇴임을 앞둔 시점에서 나는 '동행'이라는 단어를 다시 곱씹는다. 동행은 함께 걷는 일이다. 그러나 '누가 앞서느냐'가 중요한 것이 아니라 '어디로 함께 가느냐'가 중요하다. 부모가 앞서 끌고 가든, 교사가 이끌든, 아니면 아이 스스로 걸음을 옮기든 결국 도착해야 할 곳은 아이의 성숙과 성장이다.

교육은 긴 여정이다. 바람 많은 섬 제주에서 교단에 서며 나는 여러 번 방향을 잃기도 했다. 그러나 늘 다시 길을 찾게 한 것은 아이들의 눈빛이었다. 그 눈빛 속에는 부모의 기대와 사랑, 교사의 헌신과 책임이 함께 담겨 있었다. 결국 교육은 아이를 둘러싼 두 개의 손, 부모와 교사가 어떻게 손을 맞잡느냐의 문제다.

앞으로의 교육은 더 많은 대화와 협력이 필요하다. 교사는 전문가로서의 소명을 지키되, 부모의 목소리를 경청해야 한다. 부모는 아이의 삶을 책임지는 존재로서 교사와 신뢰를 나누어야 한다. 아이의 성장을 향한 목표와 과정을 함께 공유할 때 우리는 진정한 동행을 시작할 수 있다.

이 글을 쓰는 지금, 내 눈앞에 제자들의 얼굴이 떠오른다. 그리고 교무실에서 만난 수많은 학부모의 얼굴도 함께 떠오른다. 그들의 기대와 불안, 그들의 눈물과 웃음이 모두 아이들의 손을 잡고 있었음을 이제야 깊이 느낀다. 교사와 부모가 같은 길을 걷는다는 것은 쉽지 않다. 그러나 그것이 가능할 때 아이들은 더 멀리, 더 단단히 자라날 것이다.

# 4. 학교 혁신, 현장에서 부딪히는 과제들

학교 혁신의 목적은 언제나 학생의 성장이다. 그러나 이 단순하고 명확한 목표는 현실 속에서 종종 길을 잃는다. 혁신이라는 말은 정책의 구호가 되고, 성과 지표가 되며, 때로는 일회성 사업으로 소모된다. 그 결과 학교 현장은 피로만 남고, 학생의 성장은 여전히 제자리인 경우가 많다. 그렇다면 왜 학교 혁신은 번번이 좌절되는가? 그것은 혁신이 구조적 한계 속에 갇혀 있고, 교사·학생·학부모가 함께 성장 목표를 공유하지 못하기 때문이다.

**1) 학교의 자율성과 전문성을 높이는 정책 혁신의 필요**

학교 혁신은 두 축에서 진행되어야 한다. 하나는 구조적 차원에서의 정책 혁신이고, 다른 하나는 현장 내부에서의 교육 과정·수업·평가 혁신이다. 하지만 지금까지의 교육 정책은 학교 혁신의 방향을 제대로 설계하지 못했다. 상명하달식 정책, 성과 위주의 평가, 단기 성과에 집착하는 행정은 오히려 학교 혁신을 가로막았다. 교실에서의 작은 변화는 정책의 무게에 눌려 싹을 틔우지 못하고 사라졌다. 결국 교사들은 "혁신"이라는 말을 들을 때마다 설렘보다는 부담을 먼저 느끼게 되었다.

정책 혁신이란 단순히 새로운 제도를 도입하는 일이 아니다. 학교 현장의 자율성과 전문성을 존중하는 방향으로 제도를 재구성하는 일이다. 교사가 학생의 성장을 위해 실험하고 시도할 수 있도록 지원하고, 실패해도 다시 도전할 수 있는 환경을 마련해야 한다. 정책은 학교를 통제하는 도구가 아니라, 학교의 실험을 가능케 하는 토양이 되어야 한다.

**2) 개인의 교육과정과 성장 목표의 일치 필요**

구조적 한계 속에서도 학교 혁신의 출발점은 분명하다. 그것은 바로 학생의 성장 목표를 세우는 일이다. 한 학생이 어떤 능력을 얼마나 성장시킬 것인지 구체적으로 설정하지 않는다면, 어떤 교육도 혁신이라 부를 수 없다. 그러나 성장 목표를 세우는 과정은 결코 쉽지 않다.

교사는 자신의 수업 과목과 학년에만 머물러서는 안 된다. 학생의 전 과정을 바라보며, 내가 가르치지 않는 학년과 과목까지 고려해야 한다. 이것은 귀찮고 낯설며, 무엇보다 익숙하지 않은 일이다. 하지만 그것을 하지 않는다면 개별 교사의 수업은 단절된 조각으로 남을 뿐이다. 성장 목표를 세우고, 그것을 공유하고, 이어 갈 때 비로소 1년 단위의 개인 교육 과정이 3년, 6년 단

위의 학교 교육 과정으로 발전할 수 있다. 이 과정에는 학부모의 참여도 필수적이다. 지금까지 학부모는 성적과 석차, 학교 적응 여부에만 관심을 기울여 왔다. 그러나 진정한 혁신은 학부모가 자녀의 성장 목표를 가지고 학교를 찾을 때 가능하다. 자녀가 어떤 능력을 키우기를 원하는지, 어떤 인간으로 자라기를 바라는지를 학교와 나누고, 그것을 교사와 함께 조정해 가는 과정이 필요하다. 이때 학교와 가정은 파트너가 된다. 이러한 협력 과정이 잘 작동할 때, 민원으로 표출되는 갈등은 줄어들고, 학생의 성장은 더 튼튼한 기반 위에 놓인다.

### 3) 능동적으로 재구성하고 토론하는 수업혁신과 학생의 성장을 평가하는 과정 필요

교육 과정의 혁신 다음에 반드시 따라야 하는 것이 수업 혁신이다. 수업은 더 이상 교사의 일방적 전달이어서는 안 된다. 수업은 학생이 스스로 조사하고, 협력하고, 토론하고, 창조하는 과정으로 재구조화되어야 한다. 그 속에서 학생은 단순히 지식을 습득하는 존재가 아니라, 능동적으로 지식을 재구성하는 주체가 된다.

이러한 수업이 가능하려면 평가도 바뀌어야 한다. 평가가 성적과 석차를 매기기 위한 도구로만 머무른다면, 어떤 수업 혁신도 오래 가지 못한다. 학생의 성장을 중심으로 한 평가, 곧 성취물 중심의 평가가 필요하다. 예를 들어 말하기 능력을 기르는 것이 목표라면, 평가 역시 말하기를 중심으로 이루어져야 한다. 글쓰기를 통한 성찰을 목표로 한다면, 글쓰기가 평가의 핵심이 되어야 한다. 이는 교사 개인에게는 부담일 수 있지만, 여기에는 예산과 인력을 투입해야 한다. 교육이 국가의 미래를 결정한다면, 그 비용은 아끼지 말아야 한다.

**4) 개인 중심에서 공동체 중심으로**

학교 혁신의 최대 난제는 개인 중심의 학교 문화를 협력과 토론의 공동체 문화로 전환하는 일이다. 교사의 성과가 개인의 능력으로만 평가될 때 협력은 저해된다. 학생 역시 경쟁만을 내세우면 공동체적 성장은 경험하지 못한다. 따라서 학교는 협력과 공동체적 성취를 평가하는 새로운 틀을 도입해야 한다. 기관 평가도 마찬가지다. 측정 가능한 지표만으로 학교를 평가하는 대신, 공동체적 성장과 학교 목표 달성 여부를 함께 고려해야 한다.

**5) 혁신의 본질은 인간을 더 인간답게 만드는 과정**

결국 학교 혁신의 본질은 성장이다. 학생의 성장은 물론, 교사의 성장, 학부모의 성장, 나아가 학교와 지역 사회의 성장까지 포함한다. 성장 없는 혁신은 껍데기일 뿐이며, 평가와 성과만 남는 허상에 불과하다. 교육 철학의 언어로 말하자면, 학교 혁신은 인간을 더 인간답게 만드는 과정이어야 한다. 자유와 책임, 협력과 연대, 성찰과 창조의 과정을 통해 학생들이 스스로 미래를 열어 갈 힘을 기르는 것, 그것이 진정한 학교 혁신이다.

# 5. 성적을 올리는 학교, 능력을 키우는 학교

　제주 교육의 현실에서 대부분의 고등학교는 성적 향상이라는 단일 목표에 몰입해 있다. 학생들은 수능 점수와 학생부 전형이라는 입시 제도 속에서 성적과 석차를 올리는 것을 교육의 전부로 여기게 된다. 학부모 또한 성적 상승만을 바라보며, 그 과정에서 막대한 사교육비를 부담한다. 이처럼 학교와 가정이 성적 중심의 패러다임에 갇혀 있는 상황에서 수업 혁신과 평가 혁신은 구호로만 남을 뿐, 실질적인 변화를 이루지 못한다.

　문제는 더 근본적이다. 새로운 교육적 요구가 사회로부터 제시될 때마다, 학교는 그것을 학생 성장을 위한 기회로 받아들이지 못하고 행정화된 업무로 전환시킨다. "혁신"이라는 이름으로 주어지는 수많은 프로그램과 정책은 교사의 문서 작업으로 바뀌고, 교육 과정은 점점 더 행정적 절차로 왜곡된다. 더 심각한 것은, 이러한 교육 과정의 행정화를 학교 구성원들이 문제로조차 인식하지 못하는 데 있다. 결국 교육은 형식화되고, 수업과 평가는 구호화되어 버린다. 겉으로는 혁신을 말하지만, 실제로는 학력 중심의 교육에서 한 발자국도 나아가지 못한 채 제자리걸음을 하고 있는 것이다.

**1) 성적 중심 교육의 철학적 한계**

교육 철학적 관점에서 성적 중심 교육은 심각한 한계를 드러낸다. 성적은 학생의 일시적 성취를 측정하는 지표일 수 있으나, 그것이 곧 학생의 능력이나 인격을 대표하지 않는다. 오히려 성적만을 목표로 하는 교육은 학생을 점수 생산 기계로 전락시키고, 배움의 본질을 상실하게 만든다.

교육은 인간의 총체적 성장을 지향해야 한다. 지식의 습득을 넘어 비판적 사고력, 창의력, 의사소통 능력, 협업 능력 등 다양한 역량을 기르는 것이 진정한 목표다. 그러나 현재의 성적 중심 패러다임은 이러한 역량 교육을 가로막는다. 교사는 시험에 출제될 내용을 중심으로 수업을 설계하고, 학생은 시험에 필요한 기술을 익히는 데 몰두한다. 학부모는 성적이 오르지 않으면 불안해하며, 사교육 시장은 이를 자양분 삼아 끝없이 팽창한다.

**2) 능력을 키우는 학교의 가능성**

제주 교육 현장에도 이러한 성적 중심 패러다임을 넘어 능력 함양을 지향하는 시도가 있다. 대표적인 예가 IB International

Baccalaureate 교육 과정을 운영하는 표선 지역의 학교다. 이 학교는 영어 말하기와 글쓰기 능력을 중심으로 학생 역량을 키우려 한다. 물론 IB 과정에도 해결해야 할 문제들이 존재한다. 평가의 객관성, 교사들의 준비도, 학생의 부담 같은 현실적 과제들이 뒤따른다. 그러나 중요한 것은 교육의 방향을 점수에서 능력으로 옮기려는 시도 자체이다.

또한 서귀중앙여중의 경우, 교과목별 목표 관리를 통해 학생 개개인의 능력을 키우는 교육 과정을 설계하려는 노력을 기울이고 있다. 이는 작은 시도일지라도 성적이 아닌 능력 중심 교육으로 나아가는 발걸음이라는 점에서 큰 의미를 갖는다.

### 3) 능력 중심 교육의 철학적 의미

능력을 키운다는 것은 단순히 기능적 기술을 익히는 것이 아니다. 교육 철학적 관점에서 능력은 학생이 자율적이고 주체적인 삶을 살아갈 수 있는 힘을 의미한다. 말하기 능력은 단순한 언어 기술이 아니라 자기 생각을 사회 속에서 표현하고 타인과 소통할 수 있는 힘이다. 글쓰기 능력 역시 단순한 작문 기술이 아니라 자기 경험과 지식을 조직하고 성찰하며 세상과 연결하는 힘이다.

따라서 능력 중심 교육은 교육의 본질을 회복하는 길이다. 학생을 점수로 환원하지 않고, 한 사람의 인간으로 존중하며, 그가 사회 속에서 주체적 삶을 살아갈 수 있도록 준비시키는 과정이 바로 능력 중심 교육이다.

**4) 성적 중심과 능력 중심의 균형**

물론 현실을 무시할 수는 없다. 입시가 존재하는 한 성적은 여전히 중요한 요소다. 그러나 문제는 성적이 유일한 목표가 되는 데 있다. 교육은 성적과 능력의 균형을 찾아야 한다. 성적은 미래 진학을 위한 수단이고, 능력은 평생을 살아가는 힘이다. 오늘날 제주 교육의 과제는 성적에 매몰되지 않으면서도 능력 교육을 제도적으로 확장해 가는 것이다.

**5) 제주 교육의 길**

제주 교육은 이제 선택의 기로에 서 있다. 성적을 올리는 데만 급급해 학부모의 사교육비 부담을 키우는 길을 계속 갈 것인가, 아니면 능력을 키우는 학교로 나아가 학생들의 삶 전체를 성장시키는 길을 모색할 것인가.

표선 지역 학교와 서귀중앙여중의 사례는 그 가능성을 보여주고 있다. 제주가 진정으로 교육의 섬이 되려면, 점수 중심 패러다임을 넘어 능력 중심 패러다임으로 과감히 이동해야 한다. 그것은 단순한 교육 방법의 변화가 아니라, 교육 철학의 전환이다. 성적을 올리는 학교는 현재의 입시 구조 속에서 필요할지 모른다. 그러나 능력을 키우는 학교만이 미래의 사회를 살아갈 아이들에게 진정한 힘을 길러 줄 수 있다.

교육의 본질은 성적 향상이 아니라 인간 성장이다. 제주 교육은 이 단순한 진리를 다시 붙잡아야 한다.

## 개인 역량 현장실사평가 기초자료

### 차 례

■ 개인 역량 현장실사평가 기초 자료 ■

1. 제주 교육 발전을 위해 노력한 내용

2. 장학 및 교수 · 학습 활동을 위해 노력한 내용

3. 학생 인성 교육 및 생활 지도를 위해 노력한 내용

4. 현 소속 학교의 업무 추진을 위해 노력한 내용

5. 자기 연찬을 위해 노력한 내용

2012. 11. 5

## 개인 역량 현장실사평가 기초자료

### 1  제주 교육 발전을 위해 노력한 내용

○ 학교 논술교육 정착으로 제3회 제주 교육 혁신사례 최우수 선정
▶ 학생과 학부모의 논술에 대한 심리적 부담을 해소하고, 학생들의 논술능력 향상, 학부모의 사교육비 절감을 목적으로 문사철지능 논술 프로그램을 개발하고 그에 따른 다수의 자료집을 발간, 논술교육을 실시함으로써 학교 논술교육 정착.
▶ 학생과 학부모로부터 폭발적인 호응을 얻었으며, 대기고, 오현고, 제주여고, 남녕고, 서귀여고를 비롯하여 많은 학교에 보급하였다. 그 결과로 제3회 제주교육혁신 최우수 사례로 선정[발간도서 다음 참조]

· 도서: 『문학·사회·철학·언어지식언어능력 논술 및 구술 면접 자료집』I, II, III 외 총 6권.
· 절차: 프로그램 개발 및 1학년 논술교육(2005) - 2학년 및 3학년 논술 및 인문수리 및 수시실전 논술교육(2007) - 재학생의 72%가 참여하는 논술정착- 보급을 통한 일반화.

○ 전국입학사정관 협의회 회장으로 자기주도학습 전형 정착에 기여
▶ 전국입학사정관 협의회 회장, 제주외고 전임입학사정관, 경남외고 입학사정관으로 글로벌 시대에 필요한 창의적 인재양성 기초 마련, 학교 설립목적에 맞는 입학전형으로 교육효과 제고, 외고 등 특목고 입시에 따른 사교육비 증가에 효과적으로 대응하기 위해 실시된 자기주도학습 전형의 실시와 정착에 기여하였다.
▶ 전국입학사정관 협의회 회장으로 면접 발문의 작성법과 실제를 교육 보급하였고, 제주외고 전임입학사정관으로 활동하면서 면접 평가

의 타당도와 객관도과 신뢰도를 높이기 위해 면접평가 시스템을 개발 적용하였으며, 면접 평가의 공정성을 제고하기 위해 입학사정위원 50% 이상을 도외에서 위촉하여 <u>자기주도학습 전형</u>을 성공적으로 마무리함.
▶ 학부모 설명회, 중학교 3학년 부장 설명회, 지역교육청 설명회와 제주도내 각 중학교에서 <u>자기주도학습 전형과 홍보를 위한 설명회를 실시</u>.

○ **2009개정교육과정 정책연구학교 및 교원능력개발 평가 시범학교 운영**
▶ 효율적인 동아리활동을 통한 '창의적 체험활동' 교육과정의 운영이라는 주제로 배려와 나눔을 실천하는 창의적 인재를 육성을 위한 2009 개정교육과정 정책연구학교를 운영하였으며, 2005년부터 2010년까지 학교교육력 제고 시범학교, 교원능력개발 평가 연구학교 등을 운영하면서 제주교육 발전에 이바지하였다.

○ **교육 봉사활동**
▶ 2004년부터 2007까지 <u>제주등하학교(야간학교)에서 교육 봉사활동</u>을 하였으며 2012년3월부터 현재까지 격주 토요일에 한라도서관 학생 독서토론 동아리 "크로스"를 운영 지도하고 있다.

○ **제주도중등국어교육연구회 사무총장(2006~2007)**
▶ 전국한뫼청소년백일장 개최, 한뫼지 발간(19호), 시낭송회 및 문학의 밤 개최, 제주도내 국어교사들을 위한 독서 논술 교육 강화 하계워크숍 등을 운영하여 교수 학습 방법 및 교육 평가 방법의 개선을 위한 <u>자료 개발과 국어과 교사들의 전문성을 높이기 위해 노력</u>.

## 2. 장학 및 교수학습 활동을 위해 노력한 내용

장학 및 교수 학습 활동을 위해 노력한 주요 내용을 간추리면 다음과 같다.

○ 홈페이지'송문석의 문학수업(sms63.netian.com)
- ▶ 제주중앙여자고등학교 재직당시 학생들의 자기주도적 학습과 수행평가 중심의 학습활동을 강화할 목적으로 시 300여편, 소설 150여편, 논술 고전문학 등 총 A4 3000페이지의 분량의 홈페이지를 제작하여 운영하여 **제주교육 우수성 알림**.
- ▶ 겨울방학을 이용, 학교와 집에서 방학을 포함 4개월의 노력으로 홈페이지를 완성하였다. 그 결과 문학관련 홈페이지 전국 최고 방문자 수를 기록하였으며, 제작 1년 방문자수 5만6천명, 2년차 누적 30만명, 3년차 누적 72만 명을 기록하였다. **EBS 국어와 문학 교재를 비롯하여 전국의 국어 관련 사이트에 대부분 소개**되었으며 그 내용을 간략히 소개하면,

> 〈송문석의 문학 수업〉
>   제주 중앙여자고등학교 교사. 고등학교 학생들의 올바른 시 감상을 위한 시 감상의 실제와 감상법 제시. 130여명의 작가와 작품 감상. 제목별 검색과 작가별 검색의 두 가지 방법으로 원하는 시를 찾을 수 있도록 배려하고 있다. 시에 관한 정리가 매우 잘 되어 있는 사이트라고 할 수 있겠다 (국어 관련 사이트 소개내용).
>
>   〈송문석의 문학 수업〉 : 제목별 및 작가별 시감상문, 시감상법, 한국현대시 자료, 논술, 소설, 수필, 고전문학 자료 소개하여 자기주도적으로 학습할 수 있도록 잘 정리된 사이트다(임용고시 관련 사이트 소개내용).

- KBS 콘테츠 등록 제안을 받았지만 관리 여력 부족을 이유로 사양하였다.
- 2006년 9월 네티앙(netian.com)이라는 포털 싸이트가 사라지면서 홈페이지 소멸.

○ 국어 능력 신장을 위한 언어능력 검사 프로그램 개발
▶ 언어처리능력 프로그램을 개발하여 언어지식 중심의 국어 교수 학습 활동을 언어능력 중심의 교수 학습 활동으로 전환하여, 교수 학습 방법에 적용.
[발간자료 및 절차 다음 참조]

- 언어처리능력 검사지 제작 및 학생들의 언어능력 진단
- 언어처리능력 향상을 위한 상담 및 개인별 프로그램 제작
- 언어처리능력 향상을 위한 교수 학습 방법 구안 및 적용

○ 잠들지 않는 교수 학습 방법 구안 적용 및 교수학습 방법 개선
▶ 중학교 내신 최하위 등급에 해당하는 학생들이 학습에 흥미를 잃은 채 수업 중 교실에서 잠자 버리는 현실을 개선하기 위해 **토론 형식과 퀴즈 형식을 결합한 교수 학습 방법**을 구안하여 적용하였다.
▶ 학생들이 그룹별로 서로 협력하면서 공부하고 그 결과를 가지고 다른 그룹과 경쟁하는 구조를 통해 잠자던 많은 학생들이 수업에 참여하면서 학습의 효과를 높였으며 방과후학교의 효율적 지도와 기초학력반 운영및 교수학습 방법 개선을 통해 **기초학력미달 학생 비율을** 크게 감소시킴.

| 3 | 학생 인성교육 및 생활지도를 위해 노력한 내용 |

○ 학부모와 함께 하는 바른길 등굣길 지도
▶ 내용: 학교에 대한 학부모의 인식제고와 연대의식을 통한 학생 생활지도와 인성교육을 목적으로 운영된 "**학부모와 함께하는 바른길! 등굣길**"지도에 **2년간 참여**하여 학생들의 생활지도와 인성교육을 위해 노력하였으며 "학부모와 함께하는 바른길!, 등굣길!"의 시나리오와 표어를 제공하였다.

▶ 실적 : 단정한 교복 차림으로 학생 등교 및 인사하는 학생으로 변화함.

○ 등하교 문자 안내 서비스를 통한 학교 학부모 연대 생활지도
▶ 내용: 학부모와 함께하는 등하교 안내문자 서비스는 등하교 시간이 제대로 지켜지지 않는 학생들에게 2011학년도 4월부터 지금까지 매일 아침 6시 40분이 되면 모든 학부모들에게 학생의 자긍심을 높이는 표현과 더불어 시간에 맞추어 등교와 하교할 수 있도록 안내 문자를 발송하였다.
▶ 실적 : 학생들의 등하교 태도 개선 및 학교에 대한 학부모의 인식 개선에 기여.

○ 두 드림 데이 운영 및 학교 자치법정 운영 지원
▶ 학생들의 기본생활 습관 정착을 통한 인성지도와 생활지도를 위한 두 드림 데이 운영과 학생 자치법정 운영에 시나리오를 제공하여 학생들의 인성지도와 생활지도를 위해 노력하였다.

○ 문학교과와 연계된 학생 인성지도 및 생활지도
▶ 문학교과와 연계된 학생 인성지도와 생활지도 절차는 다음과 같다.

> 상담을 통해 학생 개개인이 가지고 있는 문제와 갈등 파악 → 문학 수업자료를 선별하여 수업자료로 제공 →작품 이해의 과정에서 자신의 문제나 갈등을 객관화하도록 유도→ 작품의 내용을 자신의 삶과 관련시키는 감상과정을 투입→ 갈등 상황을 스스로 해결하도록 함

○ 지속적인 상담 활동
▶ 상담은 효과적인 교수학습 활동을 위해 교사가 해야 하는 기본적인 활동으로 담임으로 재직시는 학급 학생들에 대한 상담을 년 2회 필수로 정기적으로 실천하였으며, 비정기적으로는 학생들의 표정, 수

업태도, 우울함 등을 보일 때 언제든지 학생과 면담을 통해 학생들의 인성과 생활지도를 지속적으로 실천해 왔다.

| 4 | 현 소속 학교의 업무 추진을 위해 노력한 내용 |

2011년 3월 1일부터 2012년 11월 현재까지 표선고등학교에서 노력한 내용을 정리하면 다음과 같다.

○ 제주형 자율학교 운영
▶ 내용: 2011학년도와 2012학년도 2년간 제3기 제주형 자율학교를 운영.
▶ 실적: 아침 특별학습, 학부모와 함께하는 등하교 안내문자 서비스, 글로벌인재육성 프로그램, 창체후 프로그램, 심화학습반, 언수 외 특별반, 특기적성 프로그램, 달리고 갈무리하는 버스스쿨, 리더십 함양을 위한 독서논술 캠프, 여름방학 수학교실, 독서교육 연수와 선진학교 시찰, 학년중심의 창의적 체험활동 등을 기획.
▶ 효과: 학생들의 생활태도를 크게 개선하였으며 **기초학력 미달 비율 감소 및 학력향상 최우수 학교 선정.**

○ 서귀포시 교육특화 프로그램 운영
▶ 내용: 서귀포시가 추진하고 있는 명품 교육도시 건설을 위한 교육특화프로그램 운영비 2011학년도 8600만원을 2012학년도 7000만원을 지원함에 따라 서귀포시의 추진 목표에 맞게 학력향상반. 송림학사 소수 정예반, 언수외 특별반, 자기주도학습반, 여름방학 특별학습반을 운영하였다.
▶효과: 학생들의 **학력향상과 대학진학에 크게 기여.**

○ 학교 발전을 위한 TF팀 운영
▶ 내용 : 학교 발전 전략 수립을 위한 TF팀 팀장으로서 입학에서 졸업까지 로드맵, 신입생 유치를 위한 전략, 학부모와 함께 하는 교육, 학교에 대한 학생과 지역주민의 인식변화, 기초학력 신장을 위한 수업방법 개선 등 학교 발전 주요 의제 15개항을 체계적 추진함.
▶기대효과 : 학교 발전 로드맵 구축, 효과적인 신입생 유치, 학교 발전을 위한 교사역량 강화.

○ 표선지역 주요인사와 학교 발전 협의회 개최 추진
▶ 내용 : 학교 발전을 위한 TF팀의 의제를 바탕으로 2012 표선지역 주요인사와 학교발전 협의회를 개최하여 표선면 관내 10개 마을이장, 마을청년회장, 마을 부녀회장과 면장을 포함한 60여명의 인사들과 학교 발전 협의회를 개최하여 변화된 학교 소개를 바탕으로 표선지역 주요 인사를 학교 발전을 위한 동력이 되게 하였다.
▶ 기대효과 : 지역학교를 키워야 한다는 인식 제고 및 신입생 유치에 협력분위기 조성.

| 5 | 자기 연찬을 위해 노력한 내용 |

▶ 각종연수
자기 연찬을 위한 자기 계발 노력을 정리하면 다음과 같다.
 - NIE와 논술 연수 (2007. 7)
 - 동영상과 음성으로 수업자료 만들기(2009. 9)
 - 입학사정관 연수(2010. 8)
 - 교실수업 개선 연수( 2011.10)
 - 입학사정관제를 위한 창의적 포트폴리오 지도 전략(2012.7)
 - 왕초보를 위한 스피킹 공식 30(2012. 8)

▶ 저서
- 『인지시학』(2005 대한민국학술원 선정 우수도서)
- 『예술의 기호 기호의 예술』(2006 대한민국 문화광관부 선정 우수도서)
- 『문사철지능논술Ⅰ』(고등학생 논술을 위한 도서)
- 『문사철지능논술Ⅱ』(고등학생 논술을 위한 도서)
- 『문사철지능논술집Ⅲ』(고등학생 논술을 위한 도서)
- 『해킹』(중학생 논술을 위한 도서)
- 『깜냥 1, 2, 3, 4, 5』(초등학생 논술을 위한 도서)
- 『시 텍스트의 창작과 수용 방법에 관한 연구』
- 『거리에 따른 화자와 대상 연구』
- 『현대시 텍스트의 의미처리 연구 시론』
- 『이해와 감상의 분리를 통한 현대시 교육방법 연구』
- 『현대시의 비문법성 해결을 위한 독서』
- 『사고와 정서의 교융 연구』
- 『논술문법의 형식과 내용 찾기-국어과 논리 및 논술교육의 방향성 모색』
- 『퇴계 시에 나타난 산의 의미』
- 『문학 사회 철학 언어지식 언어능력 인문수리 자료집』
- 『문학 사회 철학 언어지식 언어능력 수시실전 자료집』
- 자료: 언어처리능력 검사지 제작, 언어능력 진단, 언어능력 향상을 위한 교수학습방법 구안 적용.

▶ 연구력
- 제주대학교 교육대학원 졸업 및 교육학 석사학위 취득(2000. 2)
- 제주대학교 일반대학원 졸업 및 문학박사 학위 취득(2004. 2)
- 제주대학교 교육과학연구소 특별연구위원(2005~2008)

# Part III
## 나의 교육 철학

# 1. 아이 한 명, 한 명이 하나의 우주다

나는 종종 아이들의 눈을 바라본다. 그 눈 속에는 아직 다 말해지지 않은 이야기들이 숨어 있다. 호기심, 두려움, 설렘, 그리고 말로 다 할 수 없는 가능성이 빛처럼 반짝인다. 그래서 나는 늘 이렇게 말하곤 한다. "아이 한 명, 한 명이 하나의 우주다."

오랫동안 우리의 교육은 집단을 향해 있었다. 산업화의 흐름 속에서 학교는 마치 공장처럼 아이들을 일정한 기준에 맞추려 애썼다. 모난 곳은 다듬고, 부족한 곳은 메워서 '괜찮은 제품'으로 내보내려 했다. 그러나 그 과정에서 잊은 것이 있었다. 바로 한 사람의 아이다. 아이는 결코 제품이 될 수 없다. 아이는 그 자체로 무한한 가능성을 품은 별이며, 고유한 궤도를 가진 하나의 우주다.

나는 교사의 역할이 그 우주를 바꾸는 것이 아니라, 그 우주가 스스로 빛을 내도록 지켜주는 일이라 믿는다. 아이가 자기 자리를 찾아갈 수 있도록, 어둠 속에서도 길을 잃지 않도록, 조용히 등을 받쳐주는 사람이 교사라고 생각한다.

**변하는 시대, 변하지 않는 중심**

2000년대 이후 정보화 사회가 본격적으로 열리면서 교실의 풍경도 달라졌다. 교사 혼자 일방적으로 말하고, 아이들이 따라 적는 수업은 더 이상 힘을 발휘하지 못했다. 교사도, 학부모도 새로운 환경 앞에서 혼란스러워했다. 그렇다고 해서 과거로 돌아가 교사가 모든 것을 주도하거나, 반대로 학부모가 교육을 좌우하는 방식이 해답일 수는 없다.

그 어떤 시대에도 중심은 변하지 않는다. 아이 그 자체다. 교육은 아이를 향해 있어야 하며, 교사와 학부모는 그 곁을 지키는 동반자여야 한다.

**교사라는 이름의 동행자**

나는 교사를 '길잡이 별'이라고 부르고 싶다. 아이의 삶을 대신 살아주는 존재가 아니라, 아이가 자기 궤도를 찾아갈 때 곁에서 빛을 비추어 주는 존재, 아이가 넘어질 때 손을 잡아 일으켜 주고, 두려움에 멈춰 섰을 때 작은 용기를 건네주는 존재라고 말이다.

교사는 아이를 재단하는 사람이 아니라, 아이가 가진 무한한 가능성을 믿어주는 사람이다. 그 믿음이야말로 아이가 스스로를 믿을 힘이 된다.

## 존중에서 시작되는 배움

교육의 본질은 지식 전달이 아니라 존중에 있다. 아이의 말에 귀 기울이고, 눈빛 속의 떨림을 읽어내며, 작은 도전에도 진심으로 박수쳐 주는 일처럼 존중은 그렇게 일상의 순간에서 피어난다. 존중이 쌓이면 신뢰가 되고, 신뢰 위에서 비로소 배움이 가능해진다.

나는 교실에서 아이들에게 배운다. 웃음 속에서 삶의 희망을 배우고, 눈물 속에서 용기의 의미를 배운다. 아이들은 나의 제자이면서 동시에 나의 스승이다. 그래서 교육은 언제나 함께 배우고 함께 성장하는 여정이다.

## 우주를 품는 마음

내게 교육은 거창한 구호가 아니다. 그것은 단순하지만 가장 본질적인 믿음이다. 아이 한 명, 한 명이 하나의 우주다. 그 우주가 스스로 빛날 수 있도록 곁에서 지켜주고, 때로는 길을 비춰주는 것. 그것이 내가 믿는 교육의 철학이다.

아이들은 소모품이 아니다. 그들은 가능성과 아름다움으로 가득 찬 별이다. 우리가 할 일은 그 별이 꺼지지 않도록 지켜주는 것이다. 그리고 언젠가, 저마다의 하늘에서 찬란히 빛날 수 있도록.

## 2. 인성과 배움의 교육

"교육은 머리를 채우는 것이 아니라 마음을 빚는 일이다."
나는 교직에 몸담으며 수없이 이 말을 되새겼다. 인성교육이 중요하다는 말은 누구나 한다. 하지만 정작 '인성'이 무엇인지에 대해 질문을 던지면, 답은 제각각이다. 시대마다 사회마다 강조하는 인성의 모습이 다르기 때문이다. 전쟁과 가난의 시대에는 근면과 충성이 중요했지만, 민주주의가 성장하는 시대에는 자유와 책임이 더 큰 가치로 떠올랐다. 이렇게 인성은 고정된 개념이 아니라, 시대와 사회가 요구하는 인간관계의 방식과 태도를 담아내는 그릇이었다.

그렇다고 해서 인성의 본질이 사라지는 것은 아니다. 나는 인성을 이렇게 정의한다. "인성이란 관계 맺음의 방식이다." 그리고 이 관계는 언제나 나 자신과의 관계에서 출발한다. 내가 나를 어떻게 대할 것인가? 나를 존중하지 않는 사람은 타인을 존중할 수 없다. 나를 소중히 여기지 않는 사람은 세상 또한 소중히 여길 수 없다. 그러므로 교육은 무엇보다 먼저 아이 스스로 자기 자신을 존중하도록 가르쳐야 한다. "너는 소중하다. 너는 존중받아야 할 존재다." 이 단순한 가르침이야말로 인성교육의 첫걸음이다.

**존중과 배려의 인성**

나를 존중할 줄 아는 아이는 다른 사람도 존중할 줄 안다. 존중은 상대방의 말에 귀 기울이는 데서 시작된다. 상대방의 생각이 나와 다를 때, 그것을 비난하거나 무시하지 않고, 차이를 인정하며 대화하는 것이 곧 배려다.

오늘날 우리 사회는 갈등이 많다. 정치적 대립, 세대 간 갈등, 지역적 편견 등 이 모든 문제의 뿌리에는 '다름을 존중하지 못하는 마음'이 자리한다. 나는 아이들에게 이렇게 가르친다.

"네가 옳을 수 있다. 하지만 상대도 그럴 수 있다. 옳고 그름을 따지기 전에 먼저 다름을 존중하라." 이 말은 평생 밭에서 일하시던 아버지가 자식들에게 가장 많이 했던 말이기도 하다. 인성은 바로 이런 태도에서 자란다.

**배움과 인성의 관계**

배움은 인성 위에서 자란다. 지식이 아무리 많아도 그것이 존중과 사랑을 바탕으로 하지 않는다면, 그 지식은 때로 칼이 되어 사람을 해칠 수도 있다. 반대로 인성이 올곧으면 작은 지식도 큰 힘을 발휘한다.

나는 배움을 세 단계로 나누어 본다. 첫째는 자신을 위한 배움이다. 내가 나를 이해하고 사랑하기 위해 배우는 것이다. 둘째는 이웃을 위한 배움이다. 함께 살아가는 사람들과 더불어 행복하기 위해 배우는 것이다. 마지막은 세상을 위한 배움이다. 더 큰 공동체와 인류를 위해 배우는 것이다.

이 세 단계의 배움이 가능하려면 반드시 인성이 그 기초가 되어야 한다. 자신을 존중하지 않는 사람이 어떻게 이웃을 존중할 수 있으며, 이웃을 존중하지 못하는 사람이 어떻게 세상을 사랑할 수 있겠는가.

그래서 나는 늘 말한다. "인성과 배움은 두 날개다. 한쪽 날개만으로는 결코 날 수 없다."

**균형 잡힌 교육**

교실에서 가장 어려운 순간은 아이들이 지식에는 빠르게 반응하면서도, 마음을 여는 데는 시간이 걸릴 때다. 시험 점수는 금세 오를 수 있어도, 인성은 하루아침에 길러지지 않는다. 그것은 오랜 시간 관계 속에서 다듬어지고, 작은 습관 속에서 자리 잡는다.

나는 아이들에게 공부를 잘하라고만 말하지 않는다. 오히려 이렇게 묻곤 한다. "오늘 너는 친구에게 따뜻한 말을 건넸니?"

"실수한 친구를 비웃지 않고 기다려 주었니?" 이런 질문이 때로는 성적을 묻는 것보다 더 큰 울림을 준다. 지식은 언젠가 잊히지만, 존중과 배려의 경험은 평생을 지탱하는 힘이 되기 때문이다.

**사람다운 사람**

결국 교육이 지향하는 목표는 똑똑한 사람이 아니라 사람다운 사람을 길러내는 것이다. 아무리 뛰어난 지식을 가졌더라도, 그것을 사람을 세우는 데 쓰지 않는다면 참된 교육이라 할 수 없다. 반대로 작은 지식을 가졌더라도, 그것을 사랑과 존중 속에서 나누는 사람이라면 그는 이미 큰 배움을 이룬 것이다.

나는 교직의 마지막 순간까지 이렇게 믿을 것이다. "인성과 배움이 균형을 이룰 때, 비로소 아이는 온전한 우주가 된다." 지식은 아이의 머리를 밝히고, 인성은 아이의 마음을 빛낸다. 두 빛이 함께할 때, 아이는 자기만의 궤도를 따라 세상을 향해 힘차게 날아오를 수 있다. 그것이 내가 꿈꾸는 교육이며, 내가 걸어온 길 위에서 붙잡고 있는 믿음이다.

## 3. 교사의 역할 – 가르침에서 길잡이로

　세상은 너무도 빠르게 변하고 있다. 아이들의 손에는 늘 스마트폰이 쥐어져 있고, 그 작은 화면 속에는 인류가 축적해온 거의 모든 지식이 담겨 있다. 과거에는 모르는 것이 있으면 교사에게 물어야 했지만, 이제는 검색창에 몇 글자만 입력하면 답이 눈앞에 펼쳐진다. 과거 교사가 지식의 통로였다면, 오늘날 교사는 더 이상 지식의 독점자가 아니다.

　나는 이 변화가 교사에게 위기인 동시에 새로운 기회라고 생각한다. 지식 전달자의 역할이 줄어들었다는 사실은 교사의 권위를 흔들었지만, 오히려 교사의 본질적인 역할을 되돌아보게 했다. 교사는 여전히 필요하다. 다만 그 모습은 과거와 달라야 한다. 이제 교사는 지식을 전달하는 사람이 아니라, 아이들이 그 지식을 어떻게 찾고, 평가하며, 활용할 수 있는지 안내하는 길잡이여야 한다.

**정보의 홍수 속에서 길을 묻다**

오늘날 아이들은 지식이 부족해서 어려움을 겪지 않는다. 오히려 너무 많은 정보 속에서 길을 잃는다. 잘못된 정보, 왜곡된 지식, 가짜 뉴스가 범람하는 시대에, 진짜와 가짜를 구별하는 힘이 무엇보다 중요하다. 교사는 아이들에게 단순히 '무엇을 아느냐'가 아니라, '어떻게 아는가', '어떻게 걸러내는가', '어떻게 연결하는가'를 가르쳐야 한다.

아이들은 자주 나에게 묻는다. "선생님, 왜 이렇게 공부해야 해요?" 이 질문 속에는 지식을 그저 시험 점수를 위해 배우는 것이 무슨 의미가 있느냐는 회의가 담겨 있다. 나는 그럴 때 이렇게 답한다. "공부는 너희가 세상에서 길을 찾는 나침반이야. 지식 그 자체보다 더 중요한 건, 그 지식을 어디에, 어떻게 쓸 수 있는가야."

**길잡이로서의 교사**

길잡이는 앞서 가는 사람이 아니다. 길잡이는 옆에서 방향을 알려주고, 때로는 뒤에서 지켜봐 주는 사람이다. 교사는 아이들에게 정답을 미리 알려주는 존재가 아니라, 스스로 답을 찾아가는 과정을 안내하는 존재다.

나는 수업에서 굳이 답을 주지 않고 질문만 던질 때가 많다.

아이들은 처음에는 답답해한다. 하지만 시간이 지나면 스스로 찾아낸 답이 얼마나 값진 것인지 깨닫는다. 교사의 역할은 바로 여기 있다. 아이들이 자기 힘으로 문제를 탐구하고, 시행착오를 겪으면서 배움의 즐거움을 맛볼 수 있도록 길을 열어주는 것이다.

**창조로 이어지는 배움**

지식을 찾아내고 평가하는 것만으로는 충분하지 않다. 그 지식을 바탕으로 새로운 것을 창조하는 능력이야말로 미래 사회가 요구하는 힘이다. 교사는 아이들에게 단순한 '정답 찾기'를 넘어 '새로운 답 만들기'를 권해야 한다.

이를 위해 나는 종종 아이들과 프로젝트 수업을 한다. 정해진 교과서 속 문제를 푸는 대신, 현실 속 문제를 던져 준다. 환경 문제, 지역 사회의 이슈, 또는 아이들 스스로 선택한 주제를 놓고 함께 탐구하게 한다. 처음에는 어디서부터 시작해야 할지 몰라 헤매지만, 결국 자료를 찾고, 비교하고, 서로 토론하면서 작은 결론을 만들어낸다. 그 과정에서 아이들은 깨닫는다.

"배움은 시험지가 아니라 삶과 연결될 때 살아난다."

**교사의 새로운 권위**

과거 교사의 권위는 '많이 아는 것'에서 비롯되었다. 그러나 이제는 '배우는 법을 알려주는 것'에서 권위가 생겨난다. 아이들에게 지식을 쏟아붓는 교사는 곧 스마트폰보다 뒤처진다. 하지만 아이들과 함께 질문하고, 함께 길을 찾아가며, 함께 성찰하는 교사는 결코 대체되지 않는다.

나는 교사가 여전히 아이들에게 큰 의미를 갖는다고 믿는다. 왜냐하면 교사는 단순히 정보를 다루는 사람이 아니라, 아이들의 삶을 지켜보는 사람, 삶을 이끄는 사람이기 때문이다.

## 교사는 길을 함께 걷는 사람

이제 교사의 역할은 명확하다. 가르침에서 길잡이로. 아이들은 무수한 정보 속에서 헤맨다. 교사는 그 곁에서 방향을 알려주는 나침반이자, 넘어질 때 손을 잡아주는 동행자다. 지식은 스마트폰에서도 얻을 수 있지만, 사람을 믿고 이끌어 주는 따뜻한 손길은 교사에게서만 얻을 수 있다.

나는 교사로서 마지막까지 이 믿음을 붙들 것이다. 아이들에게 길을 내주고, 그 길 위에서 스스로 빛날 수 있도록 돕는 것. 그것이 내가 생각하는 교육의 본질이며, 교사가 가야 할 길이다.

## 4. 협력과 존중의 학교 문화

　학교는 단순히 지식을 배우는 공간을 넘어, 삶을 배우는 공동체다. 그 공동체는 학생, 교사, 학부모가 함께 만들어 간다. 교실 안에서 학생과 학생 사이에 형성되는 문화가 있고, 교사와 학생이 함께 빚어내는 문화가 있으며, 교사들끼리 협력하며 쌓아가는 문화가 있다. 나아가 학부모와 교사 사이의 신뢰와 협력도 학교 문화를 이루는 중요한 축이다.
　그러나 이러한 관계가 건강하게 작동하기 위해서는 한 가지 전제가 필요하다. 바로 민주적인 관계다. 일방적 지시와 수직적 권위가 지배하는 공간에서는 존중과 협력이 피어나기 어렵다. 민주적 관계 속에서만 서로의 목소리가 존중받고, 다름이 받아들여지며, 협력이 살아난다.

**학생과 학생 사이의 민주적 관계**

학생들의 문화는 교실 구석구석에서 드러난다. 쉬는 시간의 대화, 작은 모둠 활동, 함께하는 놀이 속에 그들의 가치관이 스며 있다. 이 관계가 민주적으로 유지되기 위해서는 인성교육이 반드시 필요하다.

인성교육은 추상적인 구호가 아니라, 서로 다름을 존중하는 훈련이다. 친구의 생각이 내 것과 다르더라도 그것을 비난하거나 배제하지 않고, 차이를 인정하며 함께 길을 찾아가는 태도. 그것이 바로 민주적 관계의 시작이다. 아이들이 존중과 배려를 배우는 순간, 그들의 교실은 작은 민주주의의 장이 된다.

**교사와 학생의 관계**

교사와 학생의 관계 또한 민주적이어야 한다. 그러나 단순히 권위를 내려놓는다고 민주적 관계가 되는 것은 아니다. 성장의 목표를 공유하는 것, 이것이 핵심이다.

교사가 아이들의 성장을 목표로 하지 않고 단순히 지식 전달에 머물면, 교사는 더 이상 길잡이가 될 수 없다. 학생들 또한 교사의 안내를 존중하지 않게 된다. 반대로 교사와 학생이 함께 성장의 목표를 나눌 때, 교실은 전혀 다른 공간으로 변한다.

나는 수업 시간마다 아이들에게 이렇게 말한다. "오늘 배움의 목적은 단순히 문제를 푸는 것이 아니라, 너희가 스스로 사고할 수 있는 힘을 기르는 거야." 학생들이 이 목표를 이해하고 받아들일 때, 수업은 강요가 아닌 동행이 된다. 교사와 학생은 같은 목표를 향해 걷는 동반자가 되고, 그 과정에서 존중과 협력이 자연스럽게 자라난다.

**교사와 교사의 문화**

학교는 교사 한 사람의 힘만으로 굴러가지 않는다. 교사와 교사 사이의 협력이야말로 학교 문화를 지탱하는 기둥이다. 수업 연구와 협의, 공동 프로젝트는 단순한 업무 협조가 아니다. 그것은 서로의 경험을 나누고, 함께 성장하며, 공동체를 만들어 가는 과정이다.

교사들 사이의 문화가 경쟁과 고립으로 흐르면, 학교는 쉽게 분열된다. 그러나 존중과 협력 속에서 교사들이 하나가 될 때, 그 에너지는 곧바로 학생들에게 전달된다. 교사들의 대화와 태도가 아이들에게는 살아 있는 교육이 된다. 아이들은 교사들의 관계 속에서 협력과 존중을 배운다.

**학교와 학부모의 협력**

학교 문화에서 빼놓을 수 없는 또 하나의 축은 학부모와의 관계다. 학부모는 아이의 첫 번째 교사이자, 가장 가까운 동반자다. 그러나 종종 학교와 학부모의 관계는 갈등과 오해로 얼룩진다. 그 이유는 단순하다. 학생의 성장 목표를 공유하지 못했기 때문이다.

학교는 성적을 올리는 것만을 강조하고, 학부모는 입시라는 좁은 관문만 바라본다면, 양측은 늘 충돌할 수밖에 없다. 그러나 학교와 학부모가 "아이의 성장"이라는 목표를 공유하는 순간, 갈등은 대화로 바뀌고, 불신은 신뢰로 바뀐다. 그 목표가 합의될 때 학부모는 교사의 노고를 이해하게 되고, 교사는 학부모의 기대를 존중할 수 있게 된다.

나는 학부모와 만날 때마다 이렇게 강조한다. "우리의 목표는 성적이 아니라 아이의 삶입니다. 점수는 잠시 남지만, 삶을 살아내는 힘은 평생을 갑니다." 이 말에 고개를 끄덕이는 부모의 눈빛 속에서, 나는 협력과 존중의 가능성을 본다.

**존중 위에 세워지는 학교**
결국 학교 문화의 핵심은 협력과 존중이다. 학생과 학생 사이에, 교사와 학생 사이에, 교사와 교사 사이에, 학교와 학부모 사이에 존중이 깃들어야 한다. 존중이 없으면 협력은 불가능하고, 협력이 없으면 성장은 멈춘다.
나는 이렇게 믿는다. 민주적인 관계 속에서 존중과 협력이 피어날 때, 학교는 비로소 살아 있는 배움터가 된다. 그리고 그 속에서 아이들은 지식뿐 아니라 사람다운 품성을 배운다.

학교가 존중을 배우는 첫 공동체가 될 때, 아이들은 그 배움을 가지고 더 넓은 사회로 나아간다. 결국 학교는 작은 사회이며, 그 사회가 어떤 모습으로 존재하느냐가 미래 사회의 모습을 결정한다. 그러므로 협력과 존중의 학교 문화는 단순히 교육 현장의 과제가 아니라, 우리 사회 전체의 미래를 위한 약속이다.

# 5. 마이크로러닝 시대,
# 게이미피케이션 교육

오늘날은 "쇼츠의 시대"라고 불린다. 스마트폰 화면 속 1분 남짓의 영상들이 사람들의 일상을 채우고, 지식 또한 짧고 압축된 형태로 소비된다. 매일 쏟아지는 정보의 양은 가히 폭발적이다. 그러나 그 모든 지식을 다 받아들이기에는 우리의 시간이 너무 짧다. 이때 떠오른 것이 바로 마이크로러닝 Micro-Learning 이다.

마이크로러닝은 짧고 집중된 학습 콘텐츠를 통해 핵심을 빠르게 익히는 방식이다. 아이들은 짧은 시간 안에 포인트를 얻고, 즉각적으로 이해할 수 있어 학습의 접근성이 높다. 그러나 순간적으로 스쳐 지나가는 지식만으로는 학습의 깊이를 담보하기 어렵다. 그래서 필요한 것이 있다. 바로 참여와 몰입을 이끌어내는 새로운 학습 방법, 게이미피케이션 Gamification 교육이다.

### 게이미피케이션이란 무엇인가?

게이미피케이션은 본래 게임이 아닌 영역에 게임의 요소와 메커니즘을 적용하여 참여와 동기를 강화하는 방법을 말한다. 보상, 점수, 경쟁, 협력, 레벨 업 같은 게임의 구조를 학습에 접목하는 것이다. 단순한 놀이가 아니라, 놀이를 통해 학습의 몰입과 성취감을 높이는 전략이다.

우리 아이들은 디지털 세대다. 짧고 강렬한 자극에 익숙하며, 과거처럼 "인내를 미덕"으로 삼아 지루한 과정을 묵묵히 견디는 데 어려움을 느낀다. 이런 환경에서 기존 교육방식은 점점 아이들의 마음을 사로잡지 못한다. 부적응 학생이 늘고, 학교 가기를 싫어하는 현상도 이러한 배경과 무관하지 않다. 그렇기에 오늘날 교육에서 게이미피케이션은 선택이 아닌 필수에 가깝다.

### 초등학교 - 놀이 속에서 배우는 힘

게이미피케이션 교육의 필요성이 가장 두드러지는 곳은 초등학교다. 이 시기의 아이들은 놀이를 통해 세상을 배우고, 경험 속에서 개념을 쌓는다. 따라서 수학이나 과학처럼 추상적이고 어려운 과목도 놀이적 요소가 가미되면 훨씬 재미있고 친근하게 다가온다.

예를 들어, 수학 시간에 '수 분해 게임'을 활용할 수 있다. 학생들은 숫자를 카드로 받아 팀별로 분해와 조합을 하며 문제를 해결한다. 규칙을 지키며 협동하고 경쟁하는 과정에서 수학적 사고가 자연스럽게 익혀진다. 또 과학 수업에서는 '탐험 미션'을 부여해 태양계나 생태계를 게임 맵처럼 설계하고, 각 팀이 미션을 완수하며 학습하게 할 수 있다. 놀이와 배움이 하나가 되는 순간, 아이들의 눈빛은 반짝인다.

**중학교 – 협력과 성취감을 키우는 게이미피케이션**

중학교 시기의 학생들은 학습 동기가 떨어지기 쉬운 시기다. 시험과 성적의 압박은 커지지만, 자기 주도적 학습 습관은 아직 충분히 형성되지 않았다. 이때 게이미피케이션은 강력한 도구가 될 수 있다.

예를 들어, 영어 단어 학습을 '랭킹 보드'와 연결해 경쟁과 협력을 동시에 유도한다. 단순 암기가 아니라, 팀별로 퀴즈 배틀을 하거나 챌린지를 완수해야 점수를 얻도록 설계하면 학생들은 재미 속에서 단어를 기억하게 된다. 또 역사 수업에서는 '시뮬레이션 게임'을 통해 특정 시대의 인물이 되어 정책을 선택하고, 그 결과를 체험하게 할 수 있다. 이런 체험적 학습은 단순한 지식 습득을 넘어 사고력과 판단력을 길러준다.

**고등학교 – 자기 주도적 학습과 진로 탐색**

고등학교에서는 게이미피케이션이 단순한 놀이를 넘어서 자기 주도적 학습과 진로 탐색의 도구가 될 수 있다.

예를 들어, 화학 수업에서 '실험 가상 시뮬레이션'을 활용해 학생들이 문제를 해결하며 단계별로 레벨을 올리게 할 수 있다. 실험에 실패해도 다시 도전할 수 있는 환경은 실패를 두려워하지 않고 배움을 이어가게 한다. 또 사회 과목에서는 '가상 기업 운영 게임'을 통해 경제 원리를 배우고, 팀 프로젝트를 통해 실제 창업 아이디어를 기획하게 할 수 있다. 이러한 경험은 단순한 교과 지식에 머무르지 않고, 아이들에게 삶과 연결된 배움의 의미를 일깨운다.

**협력과 몰입의 힘**

게이미피케이션은 개인의 성취만을 추구하지 않는다. 오히려 협력과 존중의 가치를 배우는 과정이기도 하다. 게임 속에서 아이들은 경쟁도 하지만, 동시에 협동하며 목표를 완수한다. 그 과정에서 관계 맺음, 의사소통, 리더십을 배운다. 이는 21세기 핵심 역량인 협력적 문제 해결 능력을 길러주는 중요한 교육적 도구가 된다.

**놀이가 곧 배움이 되는 시대**

우리는 지금 마이크로러닝 시대에 살고 있다. 짧고 강렬한 학습 콘텐츠는 분명 시대의 흐름에 맞는 방식이다. 그러나 그것만으로는 깊은 배움을 이끌어내기 어렵다. 그래서 게이미피케이션이 필요하다. 놀이가 곧 배움이 되고, 즐거움이 곧 성취가 되는 경험을 통해 아이들은 더 깊고 더 넓은 배움의 세계로 나아갈 수 있다.

교육의 과제는 분명하다. "어떻게 하면 아이들이 배우는 것을 즐겁다고 느끼게 할 것인가?" 그 해답의 하나가 게이미피케이션 교육이다. 초등학교에서는 놀이로, 중학교에서는 협력과 도전으로, 고등학교에서는 자기 주도성과 진로 탐색으로 이어지는 게이미피케이션 교육은, 오늘날 우리 학교가 시급히 도입해야 할 혁신적 과제다.

아이들이 학교를 가기 싫어하는 이유 중 하나는 지루함 때문이다. 이제는 그 지루함을 깨고, 배움 속에 놀이를 불어넣을 때다. 그러면 아이들은 학교를 다시 삶의 놀이터이자 배움의 공간으로 느끼게 될 것이다.

〈손바닥 칼럼〉 - '제주의 소리' 송문석 기고

 **교권 보호 땜질식 처방 제주교육청.. "부끄럽고 죄송하다"**

최근 교권 보호가 제주교육계에서도 큰 이슈가 되었습니다. 제주도교육청이 교권 보호 대책을 마련하기 위해 조사를 하고 대책을 발표했습니다.

제주도교육청이 뒤늦게 대책을 마련한 것도 문제지만, 조사결과로 나온 내용도 이전에 제주교육정책연구센터(폐지)가 2023년 낸 '교육활동 보호에 관한 학교 구성원의 인식 조사 분석' 보고서와 별반 차이가 없습니다. 2023년 조사에서도 교사들은 교권보호위원회에 대한 인식이 높았고, 교권 침해 대응에 대한 불만이 높은 것으로 조사되었습니다. 응답 교사들은 실질적인 대책을 요구했습니다.

그리고 교사들이 동료 교사들과 상담을 많이 한다는 내용은 이미 조사되었지만, 교육청은 제대로 대책을 마련하지 않았습니다. 올해 교육청의 설문은 문제해결을 위한 조사가 되지 못했고 대책 또한 기존의 대책만을 나열하는 실질적인 대책을 마련하지 못했습니다.

그래서 교육 일선에서 제주교육을 책임지는 한 사람으로서 제주도민과 제주교육 가족에게 죄송하다는 말씀을 드릴 수밖에 없습니다.

하지만 안타깝게도 제주교육은 교권보호를 위해 해결해야 할 의제를 찾아내지 못했습니다. 의제를 찾지 못하니 누구와 소통해야 할지도 모르고 있습니다. 조사는 정보를 얻는 과정일 뿐 소통이 아닙니다. 중요한 문제를 놓고 교장, 당사자인 교사와 학부모와 소통이 없었습니다. 소통을 위한 능력만이 아니라 시스템도 부재합니다. 부끄럽고 죄송합니다.

최근 몇 년간 제주교육청은 부분만 개선하는 방향으로 제주교육을 이끌어왔습니다. 진통제만을 처방하며 아픈 병이 나아진 것처럼 순간만 모면하는 방향으로 제주교육을 이끌어 왔습니다. 그러나 문제가 더 발생하고 있는 것이 확인되고 있습니다.

지금 제주교육은 내외부 위기에 처해 있습니다. 저출산 문제로 학생 수는 줄어들 것이 예상됩니다. 그리고 불법도박 인터넷 중독 등이 학생에게까지 미치면서 사회문제가 되고 있습니다. 이처럼 다양하고 복잡한 문제를 슬기롭게 해결하기 위해서는 현재의 문제를 풀어가고 미래를 준비해야 합니다.

그런데 제주교육정책연구센터가 폐지되면서 제주도 교육정책 연구와 정책 개발 기능이 마비되었습니다. 전적으로 교육감의 좋은 말씀에만 의존해야 하는 상황이 발생하고 있습니다.

우리는 지금까지 교육자치를 한다고 믿어왔지만, 실제는 그렇지 않습니다.

교육자치가 실제로 작동되어야 교원, 학부모, 학생이 잠재력을 발휘할 수 있습니다. 교육자치가 없는 제주도 교육 현실을 만든 것에 대해 도민 여러분께 부끄럽고 죄송합니다.

교사는 학생 교육에 전념할 수 있게 하고, 그 과정에서 학생들이 잠재력을 발견하고 키워줄 수 있도록 시스템을 혁신해야 할 때입니다. 제주교육 시스템을 선순환 구조로 만들어 낼 수 있도록 지혜를 모아야 합니다.

# Part IV
## 제주 교육의 미래와 과제

# INTRODUCTION

# 1. 글로벌 시대,
# 제주 아이들에게 필요한 힘

학교 현장의 디지털화는 단순한 도구의 변화가 아니다. 나는 그것을 석기 시대에 철기가 등장한 사건에 비유하고 싶다. 석기만 사용하던 시대에서 철기를 손에 쥔 인류는 전혀 다른 문명을 만들어 냈다. 철기로 농기구를 만들어 풍요로운 삶을 일구기도 했지만, 동시에 날카로운 무기를 제작하여 정복 전쟁에 나서기도 했다. 결국 철기라는 도구 자체가 문제는 아니었다. 그것을 어떤 방향으로, 어떤 목적을 위해 사용하느냐가 인류의 운명을 갈랐다.

오늘 우리의 아이들이 맞닥뜨린 디지털 세상도 같다. 태블릿과 스마트폰, 인공지능과 로봇, 메타버스와 가상현실…. 이 새로운 도구들은 아이들에게 무한한 가능성을 열어 주고 있다. 그러나 동시에 무분별한 중독과 왜곡된 가치관의 위협으로 다가오기도 한다. 문제는 '디지털 기술을 쓸 수 있는가 없는가'가 아니다. 중요한 것은 '디지털을 어떤 방향으로 사용할 수 있는가'이다.

나는 교사로서 수업 시간에 아이들이 스마트 기기를 사용할 때마다 양면성을 느꼈다. 한편으로는 그 작은 화면을 통해 세계의 지식과 문화를 실시간으로 접하는 아이들의 눈빛에서 미래를 보았다. 과거에는 도서관을 뒤지고 백과사전을 찾아야 알 수 있던 정보들이 손끝에서 펼쳐질 때, 아이들은 더 큰 세상과 연결되고 있었다. 그러나 다른 한편으로 같은 도구가 아이들을 집중하지 못하게 만들고, 무분별한 영상과 게임으로 몰아넣기도 했다. 칼이 될지, 농기구가 될지는 결국 사용자의 의식과 태도에 달려 있음을 절감했다.

따라서 글로벌 시대의 제주 아이들에게 진정으로 필요한 힘은 단순한 디지털 활용 능력이 아니다. 그것은 주체적인 사고력, 비판적인 결정력, 그리고 책임감이다. 사고력은 눈앞의 정보를 단순히 소비하는 데 머무르지 않고, 그것을 자기 언어로 해석하고 재구성하는 힘이다. 결정력은 수많은 선택지 속에서 올바른 길을 고를 수 있는 힘이다. 그리고 책임감은 자기 선택의 결과를 감당하고, 그것을 타인과 사회를 위해 긍정적인 방향으로 연결시키는 힘이다.

나는 종종 아이들에게 이렇게 말했다.

"스마트폰이 너희에게 공부를 방해하는 도구가 될 수도 있고,

세상과 연결되는 다리가 될 수도 있다. 너희 손에 들린 그 기계의 진짜 주인은 기계가 아니라 너희다."

아이들이 이 말을 곱씹으며 자기 삶을 어떻게 꾸려 갈지 고민하는 모습을 보며, 교육의 사명은 바로 이런 힘을 길러 주는 데 있다는 확신을 가졌다.

특히 제주 아이들에게 이 힘은 더욱 절실하다. 제주는 섬이다. 지리적으로 외딴 공간이지만 동시에 세계와 가장 가까운 관문이기도 하다. 역사적으로도 제주는 바람 많은 섬이었지만, 그 바람을 타고 세계와 교류했던 섬이었다. 오늘날 디지털 문명은 섬의 경계를 허물고 있다. 아이들은 클릭 한 번으로 대륙의 친구와 대화할 수 있고, 번역기의 도움으로 국경을 넘어 협력할 수 있다. 그렇기에 제주 아이들이야말로 글로벌 시대의 주역이 될 수 있다. 단, 그것을 가능하게 하는 힘은 기계의 성능이 아니라 아이들 안에 길러진 주체적 사고력과 책임감이다.

앞으로의 교육은 '무엇을 가르칠 것인가'보다 '어떻게 길러 줄 것인가'의 질문을 더 자주 던져야 한다. 지식은 이미 기계가 더 많이, 더 빨리 알려 준다. 그러나 기계가 대신해 줄 수 없는 것이 있다. 바로 생각하는 힘, 스스로 선택하는 힘, 그리고 그 선택에 책임지는 인간다운 태도다. 나는 이것이 글로벌 시대에 제주 아이들이 가져야 할 가장 큰 자산이라고 믿는다.

물론 이 길은 쉽지 않다. 교육 현장은 여전히 입시와 성적 중심으로 흘러가고, 부모와 교사 모두 눈앞의 결과에 매달릴 수밖에 없다. 그러나 섬의 미래를 준비하는 교육이라면, 당장의 점수보다 더 먼 미래를 내다보아야 한다. 디지털화의 물결 속에서 흔들리지 않는 뿌리, 그것이 바로 주체적 사고력과 책임감이다.

나는 퇴임을 앞두고 아이들에게 이렇게 당부하고 싶다.
"너희가 어떤 도구를 손에 쥐든, 그것을 어떻게 사용할지는 너희의 몫이다. 세상을 넓히는 농기구가 될지, 상처를 주는 무기가 될지는 너희가 결정한다. 그리고 그 결정에 책임지는 용기를 가져라."

이 당부가 아이들의 마음에 작은 씨앗으로라도 심어지기를 바란다.

제주의 바람은 거세다. 그러나 그 바람은 아이들을 꺾는 것이 아니라 멀리 날려 보내는 바람이 될 수 있다. 글로벌 시대, 그 바람을 타고 제주 아이들이 세계로 뻗어 나가기를 나는 소망한다. 그리고 그 길 위에서 반드시 필요한 힘은, 디지털을 넘어서는 인간의 힘, 생각하고 선택하고 책임지는 힘이다. 그것이 곧 제주 교육이 나아가야 할 미래의 방향이다.

## 2. 디지털 전환과 교육격차 해소

　글로벌 시대 학교의 일상 풍경은 이제 디지털 그 자체이다. 아침 등굣길에 학생들의 손에 들린 것은 교과서보다 휴대전화이고, 교실 책상 위에는 공책 대신 교육청이 제공한 노트북이 놓여 있다. 더 이상 디지털은 특별한 도구가 아니다. 연필과 종이가 그랬듯이, 아이들의 학습과 삶에 이미 자연스럽게 스며든 일상적 환경이다.
　불과 십여 년 전만 해도 우리는 '디지털 기기의 보급' 자체를 교육 격차 해소의 출발점으로 여겼다. 누군가는 컴퓨터를 가지고 있고, 누군가는 그렇지 못하다면 학습 기회에서 불평등이 발생한다고 보았다. 그러나 지금은 상황이 달라졌다. 스마트폰은 거의 모든 학생의 손에 들려 있고, 학교는 노트북이나 태블릿을 보급하고 있다. 하드웨어의 격차는 최소화되었다. 그렇다면 오늘날 우리가 마주한 새로운 교육 격차는 무엇인가?

그것은 바로 정보 소비의 양식에서 비롯된다. 같은 기기를 손에 쥐고 있지만, 어떤 학생은 유해한 영상과 무분별한 오락에 빠지고, 또 다른 학생은 자기 성장을 돕는 지식과 문화를 접한다.

눈앞의 화면은 동일하지만, 무엇을 보고 어떻게 소비하느냐에 따라 격차는 깊어지고 있다. 교육 격차는 더 이상 '기기를 가졌는가, 가지지 못했는가'의 문제가 아니다. 그것은 '무엇을 소비하는가, 어떤 방향으로 자기 삶을 구성하는가'의 문제로 전환되었다.

그러나 나는 여기서 한 걸음 더 나아가 묻고 싶다. 정보를 단지 소비하는 데 머무는가, 아니면 그것을 생산할 수 있는가? 이것이야말로 디지털 시대 교육 격차의 근본적인 본질이라고 생각한다. 소비는 누구나 할 수 있다. 버튼 하나로 영상을 틀고, 화면을 스크롤하는 것은 쉬운 일이다. 그러나 생산은 다르다. 자기 생각을 글로 정리해 블로그에 올리고, 문제를 해결하기 위한 앱을 개발하며, 자신이 경험한 것을 영상으로 기록해 세상과 나누는 것은 고도의 사고력과 창의성을 필요로 한다.

디지털 시대에 진정한 교육 격차는 바로 이 생산 역량의 유무에서 갈라진다. 정보 소비자에 머무는 아이와 정보 생산자로 성장하는 아이 사이의 격차는 시간이 지날수록 벌어진다. 소비자적 태도에 익숙한 학생은 끊임없이 제공되는 자극에 의존하게 되고, 결국 자기 삶을 수동적으로 살게 된다. 반면 생산자적 태도를 배운 학생은 디지털을 활용해 자기 세계를 표현하고, 새로운 가치를 창출하며, 사회와 연결되는 능동적 주체로 자란다.

그렇다면 교육은 어디서부터 시작해야 하는가. 나는 그것을 기회 제공이라고 말하고 싶다. 학생들에게 정보 생산의 기회를 제공하는 것, 그것이 곧 교육 격차 해소의 출발점이다. 예를 들어 단순히 인터넷 강의를 시청하는 것에 그치지 않고, 강의 내용을 바탕으로 자기 생각을 정리해 토론하도록 하는 수업, 코딩 교육을 통해 단순히 프로그램을 실행하는 법을 배우는 것이 아니라 실제 문제 해결을 위한 앱을 구상해 보게 하는 수업이 필요하다. 글쓰기 수업에서 단순히 요약문을 제출하는 것이 아니라, 자기 경험과 생각을 디지털 콘텐츠로 변환해 세상과 공유하는 경험을 주는 것이 중요하다.

철학적으로 보자면, 이는 교육의 본질로 돌아가는 일이다. 교육은 본래 '아이를 자기 삶의 주체로 세우는 과정'이다. 도구가 아날로그에서 디지털로 바뀌었을 뿐, 교육의 목적은 달라지지 않았다. 다만 오늘의 시대는 디지털 환경 속에서 주체성을 키워야 한다는 점에서 새로운 도전이 우리 앞에 놓여 있다.

제주라는 공간적 특수성은 이 문제를 더 선명하게 보여 준다. 섬이라는 한계를 넘어 글로벌 시대의 경쟁력 있는 인재로 성장하려면 단순한 소비자적 태도로는 부족하다. 세계와 연결되는 네트워크 속에서 자기 목소리를 내고, 자기 가치를 창출할 수 있는 능력이 필요하다. 그것이 곧 정보 생산 역량이다.

나는 교사로서 종종 제자들에게 이렇게 말하곤 했다.

"남이 만든 것을 보는 데 그치지 말고, 너희가 세상에 보여 줄 것을 만들어라."

아이들의 눈빛 속에서 처음에는 막연한 두려움이 보이지만, 곧 자신이 가진 것을 표현할 수 있다는 자각이 피어나는 순간을 여러 번 목격했다. 그때마다 확신했다. 디지털 시대 교육 격차 해소는 단순한 장비 지원이나 학습 콘텐츠 제공에 있지 않다. 그것은 아이들로 하여금 생산적 인간으로 서게 하는 데 있다.

결국 교육의 사명은 아이들이 정보의 바다 속에서 단순한 '소비자'로 머물지 않고 '창조적 생산자'로 성장하도록 돕는 것이다. 그것이야말로 글로벌 시대 제주 아이들에게 반드시 필요한 힘이며, 교육 격차를 근본적으로 해소하는 길이다.

## 3. 생태 · 환경 교육의 중요성

 21세기 인류는 거대한 전환점에 서 있다. 더 이상 기후위기는 미래의 가능성이 아니라 오늘의 현실이다. 폭염과 폭우, 태풍과 가뭄은 계절의 변덕이 아니라 지구의 비명이며, 과학자들은 인류의 생존 자체가 위협받고 있다고 경고한다. 교육 역시 이 위기에서 자유로울 수 없다. 오히려 교육은 기후위기와 생태 문제를 극복하기 위한 가장 중요한 해법의 출발점이어야 한다.

 지금까지의 학교 현장에서 이루어진 생태·환경 교육은 솔직히 말해 제한적이었다. 일부 헌신적인 교사들이 아이들과 함께 텃밭을 가꾸거나 숲 체험을 나가며 교육적 의미를 만들어내긴 했지만, 대부분의 경우는 행정적 지침이나 구호적 행사로 그쳤다. 지구의 날에 맞춰 일회성 캠페인을 하고, 쓰레기 줄이기 포

스터를 그리는 정도였다. 그것으로는 아이들의 삶을 바꾸기도, 지구의 위기를 극복하기도 어렵다. 이제는 교육의 본질 자체가 생태·환경적이어야 한다.

첫째, 교육 내용이 생태적이어야 한다. 단순히 교과서 속에 환경 단원이 추가되는 차원이 아니라, 모든 교과가 생태적 관점을 품어야 한다. 국어 수업에서는 자연과 인간의 관계를 성찰하는 문학을 읽고, 사회 수업에서는 지속가능한 발전을 주제로 토론하며, 과학 수업에서는 탄소중립을 위한 기술과 실험을 다루어야 한다. 생태·환경은 하나의 과목이 아니라, 모든 과목을 꿰뚫는 기본 철학이 되어야 한다.

둘째, 교육 복지가 생태적이어야 한다. 지금까지의 교육복지는 주로 장학금, 급식, 돌봄 같은 사회경제적 차원에서 접근해 왔다. 물론 이것도 중요하다. 그러나 이제는 아이들이 누리는 복지 자체가 환경 친화적이어야 한다. 예컨대 학교 급식에서 지역의 친환경 농산물을 우선적으로 사용한다면, 이는 학생들의 건강을 지키는 동시에 지역의 생태 순환에도 기여한다. 교육복지는 단순한 지원이 아니라 생태적 삶을 배우는 장이 될 수 있다.

셋째, 교육 시설과 환경이 생태적으로 재구조화되어야 한다. 많은 학교 건물은 여전히 에너지 낭비형 구조를 벗어나지 못하고 있다. 아이들이 생활하는 교실과 운동장이 탄소 배출을 줄이고 재생에너지를 활용하는 공간으로 전환되어야 한다. 지붕 위 태양광, 빗물 재활용 시스템, 교내 녹지 확대는 단순한 시설 개선이 아니라 아이들에게 '지속가능한 삶의 방식'을 몸으로 배우게 하는 교육 과정이 된다. 학교가 곧 생태 교육의 살아 있는 교과서가 되는 셈이다.

넷째, 교육의 방법 자체도 생태적이어야 한다. 경쟁과 서열 중심의 교육은 아이들을 끊임없이 소모시키고, 서로를 자원처럼 소비하게 만든다. 그러나 생태적 교육은 협력과 순환, 공존을 지향한다. 숲 체험 학습에서 아이들은 나무 한 그루와 곤충 한 마리의 소중함을 깨닫는다. 지역 생태 습지를 탐방하며 아이들은 자연이 곧 교과서임을 경험한다. 이는 단순한 체험 활동이 아니라, 인간의 삶이 생태계와 끊임없이 연결되어 있음을 배우는 과정이다.

제주라는 공간적 특수성은 이러한 생태·환경 교육의 필요성을 더욱 절실하게 만든다. 제주는 섬이라는 한계와 동시에 가능성을 안고 있다. 바람과 바다, 화산과 숲은 아이들에게 살아 있는 생태 교과서다. 동시에 관광 개발과 환경 훼손은 제주의 아이들이 매일 마주하는 현장 교과서이기도 하다. 아이들이 제주에서 배우는 생태 교육은 단지 이 섬의 미래만이 아니라 지구 전체의 미래와 직결되어 있다.

나는 교사로서 아이들과 함께 학교 텃밭을 일구며, 작은 씨앗 하나가 싹을 틔우는 과정을 지켜본 적이 있다. 아이들의 눈빛은 단순히 과학적 호기심을 넘어 경이로움으로 빛났다. 그 순간 아이들은 자연과 연결된 존재임을 온몸으로 느끼고 있었다. 이러한 경험이 쌓여야 아이들이 장차 기후위기를 두려움이 아니라 책임감으로 마주할 수 있다.

이제 교육은 아이들에게 묻지 않을 수 없다.
"너희가 살아갈 미래는 어떤 환경 속에 있을까? 그 미래를 지켜내기 위해 오늘 무엇을 할 수 있을까?"

이 질문이 교육의 중심에 놓일 때, 우리는 생태·환경 교육을 제대로 시작할 수 있다.

교육은 단순히 지식을 전수하는 일이 아니다. 그것은 아이들에게 삶의 방식을 가르치는 일이다. 그리고 이제 그 삶의 방식은 반드시 생태적이어야 한다. 그렇지 않다면 인류의 미래는 없다. 기후위기 앞에서 교육은 중립일 수 없으며, 방관할 수도 없다. 교육이 생태적이어야 하는 이유는 단순히 환경을 지키기 위해서가 아니다. 그것은 곧 아이들의 생명을 지키고, 인류의 존속을 보장하기 위한 절박한 선택이기 때문이다.

# 4. 지역 정체성을 살린 제주 교육의 방향

　　글로벌 시대, 디지털화된 세상 속에서 아이들은 눈부신 정보의 바다를 헤엄친다. 클릭 한 번으로 대륙을 건너고, 몇 초 만에 수많은 문화와 언어를 접한다. 그러나 그 바다 속에서 아이들은 때로 자기 존재의 의미를 잃어버리기 쉽다. '나는 누구인가', '나는 어디에서 왔는가'라는 질문에 답하지 못한다면, 아이들은 세계 속에서 방향을 잃고 흔들린다. 그래서 나는 제주 교육의 출발점을 '정체성'에 두어야 한다고 믿는다.

　　지금까지 제주 정체성 교육은 꾸준히 시도되어 왔다. 제주어 교육, 제주의 역사와 문화, 제주의 신화, 제주의 자연환경 등 다양한 교육 내용이 마련되었다. 하지만 나는 여기서 한 가지를 더 묻고 싶다. 정체성이 단순히 '지식'으로 길러질 수 있는 것인가? 책 몇 장을 읽고, 단어 몇 개를 외우고, 행사에 참여하는 것으로 정체성이 자리 잡을 수 있는가?

정체성은 지식이 아니다. 정체성은 곧 '나 자신이 누구인가'라는 인식이며, 그것을 대하는 태도와 감정이다. '나는 제주인이다'라는 자각은 단순한 학습의 결과가 아니라, 내 뿌리와 역사를 받아들이고, 그것을 사랑할 때 비로소 생겨난다. 정체성의 중심에는 언제나 사랑이 있다.

제주의 부모와 형제를 사랑하는 감정, 제주의 이웃을 사랑하는 감정, 제주어를 통해 나 자신이 제주인임을 드러내고 싶은 감정, 내가 자라난 역사와 신화를 아끼고 받아들이려는 감정, 그리고 제주의 자연과 오름과 바다를 지키고 싶은 감정, 이러한 감정의 교육이 바로 제주 정체성 교육의 핵심이다.

나는 교사로서 아이들과 함께 제주어 동시를 낭송한 적이 있다. 서툴고 어눌했지만 아이들의 표정은 밝았다. "선생님, 이 말은 우리 할머니가 집에서 쓰는 말이에요."라며 웃던 아이의 목소리 속에서 나는 '정체성의 불씨'를 보았다. 그것은 시험 문제를 맞추기 위한 공부가 아니었다. 자신이 누구인지, 어디서 왔는지를 새삼 깨닫는 순간이었다. 이런 경험이 쌓여야 정체성은 지식이 아니라 삶의 일부가 된다.

제주 정체성 교육의 방향은 분명하다. 그것은 곧 사랑 교육이다. 제주어를 배운다는 것은 단지 말을 익히는 것이 아니라, 그

언어를 사용하는 공동체와 문화를 사랑하는 일이다. 제주의 역사를 배우는 것은 사건과 연도를 외우는 것이 아니라, 그 속에 살아온 제주인의 고통과 희망을 공감하는 것이다. 제주의 신화를 접하는 것은 단순히 설화를 암기하는 것이 아니라, 그 이야기를 통해 형성된 제주인의 상상력과 정신세계를 이어받는 것이다. 그리고 제주의 자연환경을 배우는 것은 단순한 지리 공부가 아니라, 우리가 살아가는 땅과 바다를 아끼고 지켜야 한다는 책임감을 배우는 것이다.

이처럼 정체성 교육은 지식 교육을 넘어선다. 그것은 '나와 공동체를 사랑하는 감정'을 길러주는 교육이다. 세계가 아무리 넓어지고 디지털 네트워크가 아무리 촘촘해져도, 자기 정체성을 잃어버린 아이는 결국 흔들린다. 그러나 뿌리를 가진 아이, 자신이 누구인지 아는 아이는 세계 어디에서든 자신 있게 설 수 있다.

제주 아이들이 글로벌 시대에 당당히 서기 위해서는 세계 시민 교육과 더불어 제주 정체성 교육이 반드시 병행되어야 한다. 세계와 연결되되, 제주의 땅에 발을 붙이고 서야 한다. 세계를 향해 나아가되, 제주의 언어와 문화와 신화를 가슴에 품어야 한다. 그때 비로소 제주 아이들은 '세계 속의 제주인'으로, 그리고 '제주 속의 세계인'으로 살아갈 수 있다.

나는 아이들에게 이렇게 말하고 싶다.
"너희가 제주어 한마디를 배우는 것은 언어 점수를 얻기 위함이 아니다. 그것은 너희가 어디에서 왔는지, 너희의 뿌리가 어디에 있는지를 기억하기 위함이다. 너희가 제주의 바다와 오름을 지키려는 것은 단순한 환경 운동이 아니다. 그것은 너희의 삶과 공동체를 사랑하는 마음을 실천하는 일이다."

앞으로의 제주 교육은 이러한 방향으로 나아가야 한다. 정체성은 시험지 위의 지식이 아니라, 가슴속의 사랑으로 길러져야 한다. 그리고 이 사랑이 있을 때, 아이들은 존재 의미를 잃지 않고 세계 속에서도 흔들리지 않는 자신만의 자리를 찾을 수 있다. 제주 교육의 진정한 과제는 바로 이 정체성 교육을 뿌리내리는 일이다.

# 5. 교사 전문성 강화와 존중받는 교육문화

교사의 전문성은 고정된 것이 아니다. 그것은 시대와 사회의 요구에 따라 달라진다. 과거 지식 중심 사회에서 교사의 전문성이란 곧 많은 지식을 얼마나 풍부하게, 얼마나 유창하게 전달할 수 있는가로 평가되었다. 학생들이 쉽게 접할 수 없는 정보를 깊이 있게 알고 있다는 것, 그리고 그것을 명쾌하고 매끄럽게 설명하는 것만으로도 교사는 존경을 받았다. 당시 전문성의 척도는 지식의 양과 전달력이었다. "선생님은 정말 많이 아신다."라는 말은 곧 최고의 찬사였다.

그러나 오늘날 상황은 전혀 다르다. 지식은 더 이상 교사만의 전유물이 아니다. 스마트폰을 손에 든 학생들은 교사가 설명하는 동안에도 인터넷을 통해 최신 지식을 검색하고, 영상으로 학습할 수 있다. 사회는 복잡해지고, 지식은 폭발적으로 증가했다. 이제 중요한 것은 단순히 '얼마나 많은 지식을 갖고 있느냐'가 아니다. 지식을 찾아내고, 그것을 평가하며, 상황에 맞게 활용하고, 더 나아가 재창조하는 과정이 핵심이 되었다. 교사의 전문성은 '지식 전달자'에서 '지식의 길잡이'로, 다시 '지식 창조의 촉진자'로 전환되고 있다.

이러한 변화는 교사 개인의 노력만으로는 충족될 수 없다. 오늘날의 전문성은 교사 개인의 능력보다는 교사 집단이 목표와 과정을 공유하며 함께 만들어내는 협력적 전문성이다. 동 교과 교사들이 머리를 맞대어 수업의 방향을 설계하고, 같은 목표를 향해 협력할 때 교사의 전문성은 배가된다. 나아가 학교 전체가 유기적으로 움직일 때, 개별 교사의 전문성은 공동의 힘 속에서 더욱 빛난다.

내가 경험한 가장 의미 있는 순간 중 하나는 교과협의회에서였다. 단순히 행정적인 협의에 그치지 않고, "우리가 가르치는 아이들에게 무엇이 진정으로 필요할까"라는 질문을 두고 깊이 논의할 때, 비로소 전문성은 개인의 차원이 아닌 집단의 성취가 되었다. 각 교사가 준비해 온 자료와 수업 아이디어는 협업 속에서 더 큰 그림으로 엮였고, 그 과정에서 교사로서의 자존감도 강화되었다. 전문성이란 결국 공유된 목표와 과정을 함께 만들어가는 힘에서 비롯된다는 것을 실감했다.

이와 함께 우리는 '존중받는 교육문화'를 고민해야 한다. 존중은 교사의 권위를 요구한다고 해서 얻어지는 것이 아니다. 학생과 학부모에게 "교사를 존중하라."는 외침만으로는 존중이 생겨나지 않는다. 존중은 언제나 관계 속에서 만들어진다. 교사와 학생의 관계, 교사와 학부모의 관계가 목표를 공유할 때 비로소 존중은 자연스럽게 자리 잡는다.

예를 들어, 교사와 학부모가 '아이의 성장을 최우선 목표로 한다'는 인식을 함께 공유할 때, 서로를 향한 존중이 형성된다. 교사는 부모의 애정을 존중하고, 부모는 교사의 전문성을 존중한다. 목표가 공유되지 않으면 존중은 무너진다. 학부모는 성적만을 요구하고, 교사는 자신의 방식만을 고집하며, 아이는 그 사이에서 갈등의 희생자가 된다. 존중받는 교육문화는 결국 목표 공유의 문화에서 비롯된다.

나는 교직 생활 동안 많은 학부모를 만났다. 그중에는 교사를 믿고 함께 협력해 준 분들도 있었고, 불신과 갈등으로 대립했던 경우도 있었다. 돌이켜보면 그 차이는 '아이의 성장이라는 목표를 함께 바라보았는가'에 있었다. 목표를 공유한 관계에서는 대화가 가능했고, 대화 속에서 존중이 자라났다. 목표가 엇갈린 관계에서는 존중이 아니라 불신이 자라났다.

교사의 전문성 강화와 존중받는 교육문화는 결국 하나로 연결된다. 협력적 과정 속에서 교사의 전문성이 강화될 때, 교사들은 서로를 존중하는 법을 배우고, 그 존중의 문화는 학생과 학부모에게까지 확산된다. 반대로 존중이 자리 잡은 교육문화 속에서 교사들은 자율성과 창의성을 발휘하며 전문성을 더욱 발전시킬 수 있다. 두 요소는 동전의 양면처럼 서로를 떠받치고 있다.

앞으로의 제주 교육은 이 두 가지를 동시에 고민해야 한다. 교사의 전문성은 더 이상 단독자의 박식함이 아니라, 협업과 공유 속에서 길러지는 집단적 힘이다. 존중받는 교육문화는 강요가 아니라 목표의 공유 속에서 자라난다. 그리고 이 두 가지가 함께할 때, 비로소 제주 교육은 미래를 준비하는 건강한 길을 걸을 수 있다.

〈손바닥 칼럼〉

 **교육위기는 교육배심원제의 집단지성으로 극복할 수 있다**

학교 위기! 교육계의 화두다. 23년 서울 서이초 교사 사건을 계기로 학생 지도와 교권 보호 목소리가 커졌다. 한편, 학생 인권 보장 목소리도 여전하다.

'교실이 무너지고 있다.' 그리고 '교실이 해체되었다.' 이런 말들이 학교의 위기를 드러내고 있다. 교사들은 과도한 업무, 생활지도가 속수무책인 학생들 속에서 힘겹게 버티고 있는데 악성 민원 때문에 학교를 그만두고 싶다는 말로 학교의 위기를 설명한다. 학부모는 교사가 일방적으로 학부모나 학생에게 문제를 전가하거나 자녀를 불공정하게 대하면서 최상의 교육 서비스를 제공하지 않는다며 교사에 대한 불신이 학교 위기라 한다. 혹자는 수요자 중심의 교육개혁이 현 위기를 초래했다고 말한다.

부모와 교사들은 위기 원인을 상대방 혹은 학생에게 전가하기 쉽다. 불신이 지금의 위기를 대변하고 있다. 학부모와 교사의 불신을 해결하고 학교의 위기를 극복할 방법은 없을까? 상대방을 악마화하고 증오하는 것으로는 문제를 해결할 수 없다.

산업화 시대 이후, 학부모와 교사의 소통 방식은 교사가 메시지를 전달하고 학부모가 수용하는 일방향 소통이었다. 산업화 시대에 맞게 교사는 대량생산 하듯 학생들을 획일적으로 교육하고 불량제품을 고쳐 좋은 제품 만들 듯이 생활지도를 잘해 훌륭한 학생을 만들려고 노력했다.

하지만 2000년대 이후 정보화 사회로 전환되면서 교육은 교사 중심의 일방향 소통 방식이 유지될 수 없는 환경으로 변했다. 일방향 소통 방식에 익숙했던 교사만이 아니라 젊은 교사들은 당황했고 힘들어했다. 그렇다고 교사가 독점하는 소통 방식으로 돌아가는 것도 해법이 아니다. 물론 학부모가 독점하는 소통방식도 문제의 해결책이 되지 않는다.

### 교육 배심원제 도입이 필요하다

학교의 위기 극복하기 위해서는 사적 대화 방식인 민원을 공적 대화 방식인 토론과 합의로 전환하고, 개인적 편견을 집단지성으로 바로잡고, 교육주체인 학부모와 교사 사이에 발생하는 어려움을 해결해야 한다.

아무리 사교육으로 인해 공교육이 무너졌다고 해도 교육은 공공재(公共財)이다. 공공재로서 교육은 공적인 특징을 갖고 있으면서 모두의 공유물로 모두가 참여하며 운영해야 하는 특징이 있다. 공교육이 사유재라면 교사는 학부모의 민원을 사적으로 처리할 수 있다. 하지만 공교육은 사유재가 아니다. 따라서 학부모의 민원은 공적 경로를 통해 공공의 의결을 통해 이루어져야 한다. 교사 개인에게 책임이 전가되어 교사의 불안감이 가중되지 말아야 한다. 그럼에도 불구하고 현재의 교육 제도는 이러한 공적 처리 절차가 부실한 것이 사실이다. 그렇다고 모든 학부모의 민원을 교육청에 전가할 수도 없다.

공교육의 공공재라는 사실을 인정한다면 해결의 실마리도 찾을 수 있다. 집단지성이다. 집단지성은 한 개체의 능력 범위를 넘어서 집단이 힘을 발휘하는 지능이다. 집단지성은 요구와 대응의 과정에서 서로를 악마화하거나 증오하는 것이 아니라 공생적으로 이끌 수 있다. 일선 학교 현장에서 발생하는 민원은 집단지성이 발휘되는 교육배심원제도를 통해 일정 정도 해결할 수 있다.

교육 배심원제는 학부모나 교사가 제기하는 민원을 배심원단이 심의하고 그 결과를 학교와 학부모에 권고하는 역할이다. 배심원단의 구성은 기본적으로 학부모와 교사로 구성하고 필요할 경우 학생도 참여시킬 수 있다. 교육배심원제는 교육구성원 전체의 합의 형식으로 결과가 나타나기 때문에 학교, 학부모 모두 쉽게 수용할 수 있다.
이것이 교육 배심원제도가 교사와 학부모, 학생의 관계가 위기를 벗어나 공생할 수 있는 해결책이 될 수 있는 이유다.

교사와 학부모, 학생의 갈등은 오인과 오해로 빚어질 수 있다. 그렇지만 최소한 오인과 오해로 인한 갈등이 학교 위기, 교사 위기로 나타나지는 말아야 한다.

그러나 학교 위기는 학생, 학부모 그리고 교사의 관계에서만 발생하지 않는다. 현재의 교육과정이 학생에게 적합하지 않아 문제가 생겨날 수 있다. 요즘같이 급변하는 세상에서 학부모들은 미래에 대한 불안감에 휩싸이고 있다. 세상이 급변할수록 교육과정이 새로운 문제를 만들어 낼 수 있다. 교육과정 설계에서도 학교 위기가 나타날 수 있다. 이 역시 우리가 해결해야 할 과제이다.

혁신이 화두가 되고 있다. 공공재로서 공교육은 혁신에 응답해야 할 때이다. 눈에 보이는 변화만이 아니라 보이지 않는 변화까지를 읽어내면서 우리 아이들을 제대로 키워내기 위한 노력, 그것이 교육혁신이다. 교육혁신을 위해 교사, 학부모 모두가 손잡고 나설 차례이다.

> 제주의소리 기사('애도의 날' 돼버린 스승의 날…"합리적 제도 갖추고 학교 문화 바꿔야"5.15)에 대한 서귀중앙여자중학교 송문석 교장선생님이 의견을 전달해주셨습니다.

# Part V
## 퇴임을 앞두고 전하는 말

# 1. 교사 후배들에게

 교직 36년을 돌아보며 가장 먼저 떠오르는 것은 후배 교사들에게 전하고 싶은 말이다. 나는 퇴임을 앞둔 선배로서, 교사라는 직업이 가진 무게와 아름다움을 누구보다 절실히 느낀 사람이다. 그래서 감히 당부하고 싶다. 교사는 무엇보다 학생의 성장을 사고의 중심에 두는 사람이어야 한다.
 여기서 말하는 성장은 성적이 아니다. 성장은 시험 점수가 몇 점 오르는 것으로만 설명할 수 없다. 성장은 아이의 잠재력이 깨어나는 것이다. 이전에는 발현되지 않았던 능력이 드러나고, 스스로 자신감을 얻는 과정이 바로 성장이다. 교사는 그 과정을 이끌어 주는 길잡이다.

나는 국어 교사였다. 하지만 국어 교사라는 이름으로 살아오면서 스스로에게 자주 질문했다. 나는 국어책 교사인가, 아니면 국어 교사인가? 국어책 교사는 교과서에 적힌 내용을 그대로 가르치는 교사다. 그러나 진짜 국어 교사는 텍스트를 통해 학생들이 자기 삶을 이해하고 표현하는 힘을 길러주는 사람이다. 국어책 속에 갇혀 있는 것이 아니라, 국어라는 학문과 언어의 힘을 통해 학생의 삶을 열어 주는 존재다.

나는 후배 교사들이 부디 국어책 교사가 아니라 국어 교사가 되어 주기를 바란다. 이 말은 다른 교과에도 똑같이 해당된다. 영어책 교사가 아니라 영어 교사가 되고, 수학책 교사가 아니라 수학 교사가 되어야 한다. 교과서는 도구일 뿐이다. 목적은 학생의 성장이다.

교직 생활에서 나는 수많은 아이들을 만났다. 어떤 아이들은 성적이 뛰어나지 않았지만, 자신의 재능을 찾아내 꾸준히 노력하며 빛나는 인재로 자라났다. 반대로 성적은 늘 상위권이었지만, 자기 가능성을 믿지 못하고 길을 잃은 아이들도 있었다. 그 차이를 결정지은 것은 교사의 한마디, 교사의 태도였다. 교사가 성적만을 강조했을 때 아이는 자신감을 잃었지만, 교사가 가능성을 발견해 격려했을 때 아이는 놀라운 힘을 발휘했다.

교사는 늘 무겁다. 수업 준비, 평가, 행정 업무, 상담까지 하루하루가 고단하다. 그러나 그 무게 속에서 가장 중요한 것은 단 하나, 학생의 성장을 돕는 일이다. 학생들이 성적을 넘어서 자기 삶을 주체적으로 살아갈 힘을 기르도록 돕는 것, 그것이 교사의 사명이다.

나는 후배 교사들에게 간곡히 부탁한다. 성적을 넘어 학생의 성장을 보라. 교육의 본질은 지식 전달이 아니라, 학생이 자기 가능성을 발견하고 그것을 키워 나가도록 돕는 일이다. 그것이 교사의 본질이며, 교직의 가장 큰 보람이다.

## 2. 학부모와 지역사회에
## - 이인위미(里仁爲美)

"즐거운 학생, 행복한 학교."

나의 교직 생활 동안 수없이 들어온 구호다. 그러나 그 구호는 선언만으로는 결코 이루어지지 않는다. 학교가 아무리 애써도 가정과 지역사회가 함께하지 않는다면, 그것은 공허한 메아리에 불과하다. 교육은 단지 교실 안에서 교사와 학생이 만나는 순간으로 완결되지 않는다. 가정과 사회가 같은 목표를 품을 때 비로소 교육은 힘을 얻고, 학생은 한 사람으로 온전히 자라난다.

공자는《논어》이인편에서 이렇게 말씀하셨다.
"이인위미(里仁爲美), 택불처인 언득지(擇不處仁 焉得知)."

마을이란, 곧 공동체는 '인(仁)'을 근본으로 삼아야 아름답다는 뜻이다. 그런데 만약 사람이 살 곳을 고르면서 '인'을 따르지 않는다면 어찌 지혜롭다고 할 수 있겠는가.

이 구절은 학교와 학부모, 지역사회의 관계에도 똑같이 적용된다. 교육 공동체가 추구해야 할 최고의 가치는 단순한 지식 전달이나 성적 향상이 아니라, 학생의 성장과 사람됨이다. 이것이 곧 '인'의 길이다. 그런데도 만약 부모와 지역사회가 성적만을 기준으로 학교와 관계를 맺는다면, 그것은 '불처인(不處仁)', 곧 인을 버린 선택이 된다. 그런 길은 지혜롭지 못하다. 왜냐하면 성적은 당장의 수치로 나타날 수 있지만, 한 인간의 삶을 지탱하는 힘은 인격과 공동체성, 그리고 자신을 존중하는 힘에서 비롯되기 때문이다.

나는 교직 시절, 두 부류의 학부모를 늘 만났다. 첫째는 성적만을 요구하는 부모였다. 그들의 자녀는 늘 불안했다. 점수 몇 점에 따라 부모의 표정이 변했고, 아이의 자존감은 시험지 한 장에 매달렸다. 그 아이들은 쉽게 상처받았고, 실패를 두려워하며 자신을 믿지 못했다. 반대로 둘째는 아이의 성장을 함께 고민하는 부모였다. 비록 성적이 다소 부족해도, 그 자녀는 자신감을 잃지 않았고 도전할 줄 알았다. 실패 속에서도 배움을 발견했고, 결국 더 단단하게 성장했다. 이 차이를 나는 수많은 제자들을 통해 똑똑히 보았다.

공자의 말씀을 빌리자면, 후자의 부모는 '인을 선택한' 사람들이었다. 성적이라는 외적 기준보다 아이가 사람답게 살아가도록 돕는 길을 택했기 때문이다. 그들은 학교와 목표를 공유했다. 그래서 학교의 교육이 힘을 얻었고, 아이는 스스로를 존중하며 성장할 수 있었다. 반대로 전자의 경우는 '인을 버린' 선택이었다. 그 결과 부모와 학교가 만날 수 있는 지점은 성적뿐이었고, 교육의 본질은 왜곡되었다.

지역사회 역시 마찬가지다. 아이들은 교실에서만 자라지 않는다. 방과 후, 주말, 이웃과의 관계, 또래 활동 속에서 자란다. 그러나 지역사회가 아이들의 성장을 함께 고민하지 않는다면, 학교는 홀로 무거운 짐을 떠안아야 한다. 게임과 스마트폰 속에 방황하는 아이들을 붙잡을 힘을 학교만으로는 감당할 수 없다. 그러나 사회가 함께할 때, 아이들을 위한 다양한 대안과 기회가 만들어진다. 문화 활동, 동아리, 봉사, 체험의 장이 열릴 때 아이들은 더 넓은 세계에서 배우며 자란다. 이것이 곧 '인을 터전으로 삼은 마을', 즉 이인위미(里仁爲美)의 모습이다.

나는 학부모와 지역사회에 간절히 부탁하고 싶다. 학교를 비판하거나 요구하는 데 그치지 말고, 함께 목표를 나누어 달라. "우리 아이가 어떤 성장을 해야 하는가?"라는 질문을 교사와 함께 고민해 달라. 성적이 아니라 사람됨, 경쟁이 아니라 성장이라는 목표를 공유할 때, 우리는 진정한 교육 공동체가 될 수 있다.

《논어》의 말씀처럼, 마을은 '인'이 있어야 아름답다. 교육 공동체 역시 마찬가지다. 부모와 지역사회가 '인을 따르는 선택'을 할 때, 그 속에서 아이들은 비로소 사람답게 성장할 수 있다. 학교는 가르치고, 가정은 품고, 사회는 길을 열어주며 함께 아이들을 키울 때, "즐거운 학생, 행복한 학교"라는 구호는 더 이상 공허한 말이 아니다. 그것은 살아 있는 현실이 된다.

# 3. 제자들에게
# - 조록나무처럼 흔들리지 않는
# 너희의 길을

제자들이여, 고맙다.

너희는 내게 단순한 학생이 아니었다. 나는 교단 위에서 너희를 가르쳤다고 생각했지만, 사실은 너희에게 더 많이 배웠다. 교과서의 지식보다 더 깊은 삶의 의미를 너희의 눈빛과 표정, 웃음과 눈물 속에서 배웠다. 그래서 나는 너희를 제자라 부르면서도 동시에 나의 스승이라 부르고 싶다.

너희의 맑은 눈빛은 내게 늘 새로운 질문을 던졌다. 수업 시간에 번쩍이는 눈빛 하나가 나를 다시 책상 앞에 앉게 했고, 교단에서 다시 한 번 더 설명하게 했다. 너희의 웃음소리는 나를 기쁘게 했고, 힘든 하루를 견디게 하는 위로가 되었다. 너희의 눈물은 나를 반성하게 했다. 왜 내가 더 깊이 이해하지 못했을까, 왜 더 따뜻하게 품지 못했을까 하는 자책이 교사인 내 마음에 늘 남았다.

그러나 동시에 미안하다. 나는 언제나 완전한 교사가 아니었다. 좀 더 잘 가르쳤어야 했는데, 내 한계와 부족함 때문에 그러지 못한 순간이 많았다. 지식이 부족했고, 생각이 깊지 못했으며, 때로는 너희의 고민 앞에서 뚜렷한 답을 내주지 못했다. 그래서 미안하다. 하지만 돌이켜보면, 그 부족함조차도 너희가 내게 가르쳐 준 배움이었다. 교사란 완성된 존재가 아니라, 늘 배워야 하는 존재임을 너희가 일깨워 주었기 때문이다.

나는 제주의 바람 많은 마을에서 교직 생활을 해왔다. 그 길 위에서 나는 늘 조록나무를 떠올린다. 조록나무는 제주 한동초등학교의 교목이기도 하다. 바람 많은 섬에서 곧게 서 있는 나무, 흔들리면서도 꺾이지 않고, 바람 속에서 더 깊이 뿌리를 내리는 나무다. 그것은 마치 교단에서 만난 너희와도 닮아 있다.

세상은 늘 바람이 분다. 너희가 살아갈 앞날에도 시험의 바람, 실패의 바람, 비교와 경쟁의 바람이 불 것이다. 때로는 그 바람이 너무 거세서 쓰러질 것처럼 느껴질지도 모른다. 하지만 조록나무는 우리에게 이렇게 말한다. "바람은 나를 흔들 수 있지만, 나의 뿌리를 뽑지는 못한다." 흔들리되 꺾이지 않고, 흔들림 속에서 더 단단해지는 것이 바로 자기다움이다.

제자들이여, 나는 너희가 그런 조록나무 같은 사람이 되기를 바란다. 점수 몇 점의 차이에 흔들리지 말고, 세상의 비교 속에서 자신을 잃지 말아라. 너희는 이미 각자의 고유한 빛을 가지고 있다. 누군가는 음악으로, 누군가는 글로, 또 누군가는 운동이나 과학으로 자신을 표현한다. 그 길은 모두 다르지만, 진정 중요한 것은 자기답게 서는 것이다. 바람이 불 때마다 더 깊이 뿌리를 내리고, 흔들림 속에서도 꺾이지 않는 것. 그것이 너희의 의지이며 너희만의 힘이다.

이제 나는 교단을 조금씩 내려놓을 나이가 되었다. 하지만 배움의 바통은 너희에게로 이어진다. 교육은 더 이상 교사와 학교만의 몫이 아니다. 부모의 몫이고, 사회의 몫이며, 이제는 너희의 몫이다. 너희가 성인이 되어 가정을 꾸리고, 사회의 일원이 되어 새로운 세대를 키워갈 때, 그때 너희가 걸어온 배움의 길은 또 다른 아이들의 성장을 이끄는 씨앗이 될 것이다.

제자들이여, 부디 잊지 말아라. 바람 많은 제주의 들판에서도 조록나무는 꺾이지 않고 곧게 선다. 너희 삶에도 수많은 바람이 불겠지만, 뿌리 깊은 의지를 가지고 자기다움을 지켜낸다면, 그 바람은 너희를 쓰러뜨리지 못할 것이다. 오히려 그 바람이 너희를 더 단단하게 키울 것이다.

고맙다, 나의 제자들이여. 너희는 내게 가르침의 대상이었지만 동시에 나의 스승이었다. 그리고 앞으로는 이 사회의 새로운 조록나무로 자라나, 흔들리되 꺾이지 않고, 흔들림 속에서도 꿋꿋이 서서 또 다른 세대를 지켜주기를 나는 진심으로 바란다.

# 4. 교단을 내려오며
## – 교육의 밑거름으로

나는 이제 36년간 몸담았던 교단을 내려온다. 그 시간은 단순히 직업적 경력의 누적이 아니라 나라는 사람의 삶 자체였다. 교단은 내 삶의 중심이었고, 나의 정체성이었다. 그 위에서 나는 교사로 살았고, 학자로 연구했고, 교육행정가로 고민하며 수많은 날들을 보냈다. 교단은 내 가족을 지탱해 준 경제적 기반이었으며, 수많은 동료와 제자들을 만나게 해 준 사회적 터전이었다. 그러나 무엇보다 교단은 나를 끊임없이 성장시킨 배움의 자리였다.

돌이켜보면, 교사로서의 나는 늘 학생과 함께 울고 웃으며 배웠다. 교단 위에서 나는 지식을 전했지만, 그보다 더 많은 가르침을 제자들로부터 받았다. 질문하는 눈빛, 실패 앞에서 좌절하는 모습, 다시 일어서는 용기, 이 모든 것은 나를 성장시키는 또 다른 교과서였다. 교사로서의 길은 학생을 가르치는 길이 아니라, 학생과 함께 배우며 인간됨을 닦아가는 길이었다. 그것이 내가 걸어온 교직의 본질이었다.

학자로서 나는 교육의 본질을 탐구하고자 했다. 교실에서의 경험은 늘 새로운 질문을 던졌다. "왜 배우는가?", "무엇을 배우는가?", "어떻게 배워야 하는가?"라는 질문은 교단 위에서 끝나지 않았다. 나는 연구실에서 그 질문을 붙들었고, 논문과 저서를 통해 답을 찾고자 애썼다. 학문은 현실과 동떨어진 추상이 아니었다. 오히려 학생들의 성장이라는 구체적 경험이야말로 학문적 사유의 원천이었다. 학자로서의 나는 교육을 이론으로 정리하고, 그것을 다시 현장에 환원하는 선순환 속에서 스스로를 길러 왔다.

교육행정가로서의 시간은 또 다른 배움의 자리였다. 교사의 시선이 교실에 머문다면, 교육행정은 학교와 지역 전체를 바라보아야 했다. 교육정책을 고민하고, 제도를 설계하며, 수많은 교사와 학부모, 학생을 아우르는 과정은 늘 무거운 책임감을 동반했다. 한 아이의 성장은 한 가정의 문제를 넘어 지역사회의 미래를 규정한다는 사실을 나는 현장에서 절실히 느꼈다. 행정의 자리에서 나는 교육이 단지 지식 전달이 아니라 사회 전체를 지탱하는 근본임을 다시 깨달았다.

이제 나는 교단을 내려오며 아쉬움을 느낀다. 더 잘할 수 있었는데, 더 많은 것을 나눌 수 있었는데 하는 아쉬움이 가슴에 남는다. 그러나 동시에 분명한 것은 있다. 나는 교단을 떠나도 교육을 떠날 수는 없다는 사실이다. 학생 성장이라는 사고는 앞으로도 내 사유의 중심에 남아 있을 것이다. 그것은 내가 평생 동안 지켜온 가치이자 앞으로도 내 학문과 삶의 방향을 규정할 것이다.

앞으로 나는 새로운 삶을 준비한다. 교단 위가 아니더라도 교육은 이어져야 한다. 이제는 지역사회와 도민 속에서 다른 방식으로 배움의 불씨를 지키고 싶다. 교육의 질은 단지 학교 안에서만 결정되지 않는다. 부모의 참여, 지역사회의 협력, 제도를 설계하는 행정, 그리고 이를 지탱하는 학문이 어우러질 때 비로소 한 사회의 교육 수준은 높아진다. 나는 교사와 학자, 교육행정가로서의 경험을 바탕으로 이제는 지역사회의 발전과 도민의 교육 질 개선을 위해 나의 힘을 보태고자 한다.

만약 기회가 주어진다면, 나는 그 기회를 나의 욕망이 아니라 학생들의 미래를 위해 쓰고 싶다. 교육이 흔들리는 시대, 학부모와 교사, 지역사회가 함께 길을 찾아야 하는 시대에 나는 작은 밑거름이 되고 싶다. 아이들의 성장을 가로막는 제도적 한계를 바꾸는 일에 힘을 보태고, 학문적 연구를 통해 새로운 교육의 방향을 제시하며, 지역사회와 함께 학생들을 지켜내는 울타리가 되고 싶다.

36년의 교직 생활은 끝났지만, 나의 교육은 끝나지 않았다. 교단을 내려온다는 것은 단지 자리를 옮긴 것일 뿐, 교육의 길에서 내려온 것은 아니다. 나는 여전히 배우고, 가르치고, 나누며 살고자 한다. 그것이 내 삶의 이유이고, 내가 앞으로도 지켜야 할 약속이다.

〈제자에게 받은 편지〉

선생님,

　성인이 되고 보니, 사회 구성원으로서 일인분의 역할을 하는 것은 참 어려운 일인 것 같습니다. 열심히 하면 일인분 역할이야 하겠지만, 그 모습 또한 제가 마음에 드는 모습으로 살아가자니 쉽지 않더라고요. 사회에서 긍정적인 역할을 하고, 나와 타인에게 친절을 베풀 수 있는 여유를 가진 삶이면 좋겠다고 생각합니다.
　어렵지만 이렇게 살아가려는 제 모습이 좋습니다. 그리고 이건 다 제가 학창 시절을 잘 보낸 덕분인 것 같고요.
　고등학교 때 선생님 수업이 너무 좋았습니다. 문학 시간에 선생님께서는 세상을 보여주셨지요. 김수영 시인의 「풀」에서 사회 구성원의 역할을 배웠고, 「표본실의 청개구리」를 배우면서 타인의 감정을 이해하는 법도 배웠습니다. 그런데 돌이켜보면 이것들을 작품을 통해 배운 것보다 선생님으로부터 배운 게 아닌가 싶습니다.

　퇴근길에 문득 생각이 들었어요. 이렇게 일인분 역할도 힘든데 어떻게 선생님은 학생들을 다 감당하셨을까? 교사이기 전에 직장인이었을 텐데 어찌 그 학생들을 챙기셨는지, 많이 무거우셨을 것 같다는 생각이 듭니다. 더군다나 저희는 정체성이 형성되는 예민한 시기였고, 선생님은 기숙사에 사는 저희에게 가족 역할까지 해주셨잖아요. 그때 받았던 선생님의 사랑과 가르침 덕분에 이 제자는 일인분 하면서 잘 살고 있습니다.

어른이 되어 제 인생에 비문학만 가득할 때 문득 선생님의 문학 수업이 듣고 싶어지더라고요. 그리고 선생님이 유튜브 하시는 걸 보게 되었어요. 논술 비중이 커진 대학 입시로 모두가 갈팡질팡할 때 선생님은 논술 관련해서도 익히시고 저희에게 알려주려 하시더니, 이제 또 이렇게 유튜브로 나누시려는 걸 보고 졸업하고 20년이 지났는데도 또 많이 배웠습니다.

끊임없이 노력하고 묵묵히 한 발 한 발 나아가는 그 걸음을 응원합니다. 저는 좋은 스승을 둔 덕분에 좋은 사람이 될 수밖에 없는 것 같습니다.

- 제자 영 올림 -

〈제자에게 받은 편지〉

송문석 선생님께

　그동안 잘 지내셨어요? 세월이 정말 쏜살같이 지나, 어느덧 선생님을 처음 뵈었던 시간도 30년 가까이가 되고 있습니다. 그러다보니 그때의 선생님보다 지금 제가 나이가 더 많아졌다는 것에 어이가 없기도 합니다.

　제가 고등학교 때 선생님을 떠올려 보면 처음 생각나는 것은 선생님의 '뚝심'인 것 같습니다. 고등학교 2학년 문학 시간, 당시만 해도 교사들의 일방적인 수업에 익숙했던 우리들에게 선생님은 아주 낯선 수업 방식과 평가를 적용했습니다. 바로 참고서를 보지 않고 조별끼리 시와 소설을 해석해서 그 당시로서는 아주 파격적으로 플로피 디스크에 제출하라고 하셨지요. 그때 많은 학생들이 낯선 수업 방법에 방향을 잡지 못해서 항의를 하거나 선생님께 무수히 많은 질문들을 했던 것 같습니다. 그럼에도 선생님은 그 방법을 고수하셨지요. 게다가 그 당시 9개의 반 중에 6개는 선생님이 하셨고 나머지 3개 반은 다른 선생님이 그 방식으로 수업을 하셨는데 결국 선생님이 9개 반을 모두 수업하셨던 기억이 강렬하게 남아 있습니다.

　저 역시 그 낯선 수업 방식이 무척 힘들었던 걸로 기억합니다. 당시에는 조별 활동이 과학 수업 정도만 있었기에 조별 활동을 한다는 것 자체도 매우 낯설고 어색한 일이었지요. 게다가 저는 시를 해석하는 것이 무척 어려웠습니다. 그래서 모의고사를 봐도 소설은 수월하게 봤던 것에 비해 매번 낯선 시를 해석하지 못해 힘들어했습니다. 그런데 선생님과 그렇게 수업을 하고 나서 시험에서 시 부분 점수가 무척 올랐습니다.

자신감도 생겼고요. 무척 신기해하면서도 선생님을 더욱 존경하게 만들었던 일이었습니다. 또한, 선생님의 인생의 가르침이 되는 말씀을 참 많이 해주셨습니다. 그래서 어찌보면 수업보다 그런 가르침 이야기를 듣는 걸 더 좋아했던 것도 같습니다. 지금도 가장 기억에 남아 있는 선생님 말씀은 꿈과 현실 사이에서 고민하던 저에게 책상 위에 있던 스테플러 예를 들면서 "네가 스테플러를 찍는 게 너무 좋다면 스테플러 찍는 것으로 밥 먹고 살 수 있어야 해."입니다. 그때는 어렸기에 꿈을 쫓는 것이 답이라고만 생각했는데 현실에 대해 생각하게 되었어요. 그래서 그때부터 나의 두 발을 현실에 단단하게 붙이고 있되 꿈을 잊지 말자는 생각을 하게 되었어요. 이제는 너무 오래되서 기억이 나지 않지만 그때 선생님께서 해 주신 말씀들은 제 의식 저편 어디에 남아 있어 저를 구성하고 있다는 생각을 하게 됩니다.

　　결국 저는 교사가 되었습니다. 그러다보니 수업을 할 때(특히 시수업), 그리고 학생들과 상담을 할 때 선생님이 많이 떠오르곤 합니다. 그때의 선생님도 이렇게 어려웠을까? 이렇게나 많은 고민을 하셨을까? 선생님이라면 이럴 때 어떻게 행동하시고 말씀하실까? 하는 생각이 듭니다. 나이가 들수록 살아가는 것이 점점 답이 없다고 느껴져 힘이 들곤 하는데 저에게는 멀리서 빛을 밝혀 주는 등대 같은 선생님이 계셔서 매우 다행이란 생각이 듭니다. 감사합니다.

　　불과 며칠전까지 무척 더웠는데 어느새 가을이 성큼 다가왔습니다. 환절기에 건강 관리 잘하십시오.

2025년 9월 22일. K.Y.H

## 5. 사랑하는 나의 딸, 아들아

사랑하는 나의 딸, 그리고 아들아.

교단을 내려놓으며 제일 먼저 하고 싶은 말은 고맙다는 말이다. 잘 자라 주어서, 그리고 자기 삶을 스스로 개척해 나가 주어서 아버지는 늘 감사하다. 아버지의 부족함에도 불구하고 너희가 자기 길을 찾아 나아간 것이 내게는 무엇보다 큰 위로이자 자랑이다. 하지만 고마움과 함께 마음 한편에는 늘 미안함도 자리한다. 교사로 살아온 세월 동안 아버지로서의 역할을 다하지 못했다. 너희가 가장 힘들었을 고등학교 3학년 시절에도 나는 교사로서 맡은 제자들에게 더 많은 시간을 쏟았다. 너희는 내 자녀였지만, 때로는 제자들에게 더 큰 관심을 기울였다. 그 사실이 지금도 마음속에 빚처럼 남아 있다.

그럼에도 불구하고 너희는 꿋꿋하게 자라 주었다. 아버지의 빈자리를 원망하기보다 스스로를 단련하며 자기 길을 걸어갔다. 그래서 나는 부족한 아버지였지만, 너희는 오히려 나를 더 단단하게 세워 준 스승과도 같은 존재였다.

이제 교단을 내려놓았다. 늦었지만 앞으로는 아버지로서 더 많은 시간을 함께하고 싶다. 교사로서 제자들에게 배움의 가치를 전했다면, 아버지로서 너희에게는 사랑과 지지를 전하고 싶다. 그것이 내가 너희에게 주고 싶은 가장 큰 약속이다.

공자의 길을 돌아보며…

이제 나는 내 나이와 삶의 자취를 돌아본다. 《논어》에 나오는 공자의 말씀처럼, 나 역시 내 삶의 길에서 이 단계를 조금씩 걸어왔다.

▷ 십오이지어학(十五而志於學) : 열다섯에 학문에 뜻을 두었다.
▷ 삼십이립(三十而立) : 서른에는 스스로 서게 되었다.
▷ 사십이불혹(四十而不惑) : 마흔에는 세상일에 흔들리지 않았다.
▷ 오십이지천명(五十而知天命) : 쉰에는 하늘의 뜻을 알았다.
▷ 육십이이순(六十而耳順) : 예순에는 남의 말을 편안히 들었다.

스무 살 무렵, 나는 교사가 되겠다는 뜻을 품었다. 그것이 곧 나의 지학(志學)이었다. 서른 무렵, 교단에 서며 스스로의 자리를 잡았다. 그것이 나의 이립(而立)이었다. 마흔이 되어서는 교육의 본질이 무엇인지 흔들림 없는 나름의 답을 얻으려 했고, 그것이 불혹(不惑)의 시간이었다. 쉰이 되어서는 교육이 단순히 교실 안의 일이 아니라 사회 전체와 연결되어 있다는 사실을 깨달았다. 그것이 내 삶의 지천명(知天命)이었다.

그리고 지금, 나는 예순의 문턱을 넘어 이순(耳順)의 자리에 서 있다. 이순은 단순히 나이를 먹었다는 의미가 아니다. 다른 사람의 말에 귀 기울이고, 비판과 충고조차 부드럽게 받아들이며, 경청을 삶의 태도로 삼는 시기이다. 나는 이제야 그 말의 깊은 뜻을 알게 된다. 교사로 살며 나는 늘 가르치는 말에 익숙했지만, 이순의 나이에 이르러서는 듣는 일이야말로 진정한 배움임을 깨닫는다.

사랑하는 딸, 아들아.

아버지는 이제 너희와의 관계에서도 이순의 자세를 지키고 싶다. 너희가 살아가는 세상은 내가 익숙했던 시대와 다르다. 너희는 나보다 훨씬 더 빠른 변화 속에서 전혀 다른 도전을 마주하고 있다. 그러니 이제는 내가 너희를 가르치는 아버지로만 서고 싶지 않다. 오히려 너희의 이야기에 귀 기울이고, 너희의 삶을 존중하며, 함께 배우는 아버지가 되고 싶다. 앞으로는 아버지의 조언보다 너희의 목소리를 더 많이 듣겠다. 나의 경험이 항상 답이 되지 않는다는 사실을 인정하고, 너희가 걸어가는 길을 존중하며 지켜보고 싶다. 그것이 내가 이순의 나이에 다다른 지금, 아버지로서 너희에게 하고 싶은 약속이다.

교육자로서의 삶을 너희에게 전하며

나는 교사로서 수많은 제자들과 함께했지만, 너희는 내게 가장 특별한 제자이자 소중한 아이들이다. 내가 너희에게 남기고 싶은 마지막 교훈은 이것이다. 배움은 멈추지 않는다는 것, 그리고 삶의 근본은 경청에서 비롯된다는 것이다. 배우려는 사람은 늘 젊고, 듣는 사람은 늘 성장한다.

사랑하는 나의 딸, 아들아.

아버지는 이제 교단에서는 내려왔지만, 아버지로서 또 인생의 한 동반자로서 너희 곁에 남아 있다. 이제는 나의 말보다 너희의 말에 귀 기울이며, 함께 웃고 함께 울고, 함께 성장하고 싶다. 그것이 이순의 아버지로서 내가 선택한 길이다.

고맙다. 그리고 사랑한다.

〈딸에게 받은 편지〉

존경하는 아빠께.

아빠, 이렇게 글로 마음을 전하게 되다니 조금 어색하고 낯설기도 하지만, 오늘 이 편지를 쓰는 이유는 단 하나, 아빠에 대한 제 마음을 조금 더 진지하게 표현하고 싶어서입니다. 어릴 때부터 지금까지 아빠와 함께한 시간들 속에서, 아빠는 언제나 제게 든든한 존재였고, 제 삶의 큰 방향을 제시해 주셨습니다. 그리고 그 마음은 오늘도 변함없이 제게 큰 힘이 되고 있습니다.

고등학교 시절, 아빠가 매일 아침 학교까지 데려다 주시고, 늦은 시간까지 독서실에서 공부하던 저를 데리러 오셨던 기억은 아직도 생생합니다. 바쁜 일정을 소화하시면서도 늘 저를 챙겨 주시던 그 작은 배려들 덕분에, 저는 그때마다 아빠의 사랑을 깊이 느낄 수 있었습니다. 그런 기억들은 지금도 제 마음 한켠에 따뜻하게 자리 잡고 있습니다.

아빠는 제게 단지 아버지로서가 아니라, 인생의 중요한 가르침을 주신 스승이자 선배로서 늘 많은 것을 가르쳐 주셨습니다. 아빠께서는 교육이라는 분야에서 오랫동안 많은 사람들에게 영감을 주고, 함께 성장해 나갔습니다. 그런 아빠의 모습은, 이제 많은 이들이 알게 되고, 그 가치를 함께 나누는 기회가 되어야 한다고 저는 생각합니다. 아빠가 살아오신 길은 많은 이들에게 귀감이 될 수 있고, 특히 우리 지역의 아이들이나 선생님들에게도 큰 영향을 미칠 것입니다.

아빠는 언제나 아이들과 지역 사회에 대한 깊은 애정을 가지고 계셨고, 그것이 제가 늘 자랑스러워하는 점입니다. 아빠의 그 마음이 지금도 변함없이 지속되고 있다는 것을 알고 있기에, 저 또한 아빠의 비전이 더 넓은 세상으로 퍼져 나가기를 응원하고 있습니다. 아빠의 경험과 열정이 그 어느 때보다 필요한 시점인 지금, 그 길을 함께 걷는 사람이 되어 드릴 수 있기를 바랍니다.

아빠, 저는 언제나 아빠가 교육 현장에서 보여주셨던 따뜻한 리더십과 깊은 사명감을 존경해 왔습니다. 앞으로도 아빠가 하고자 하시는 일들이 많은 사람들에게 긍정적인 변화를 가져다주기를 바랍니다. 저는 언제나 아빠의 곁에서 든든한 지원군이 될 준비가 되어 있습니다.

- 사랑하는 딸, 지은 -

〈아들에게 받은 편지〉

사랑하는 아버지에게.

아버지의 편지를 읽고 어려운 교사의 길을 거르면서도, 늘 저희를 생각해주셨음을 알게 되어 감동이었습니다.
저로서는 아버지가 곁에 계시다는 것만으로도 충분히 든든하고 감사합니다. 아버지가 살아오신 길과 삶의 태도가 저에게는 언제나 본보기가 되었고, 아버지 편지에서의 '배움과 경청의 자세'는 저 또한 앞으로의 삶속에서 지켜나가고자 합니다.
아버지는 이제 교단에서 내려오시지만, 저에게는 여전히 따뜻하고 좋은 아버지입니다. 앞으로 더 많이 함께하는 시간을 만들며 좋은 추억을 쌓고 싶습니다.

늘 감사드리고, 사랑합니다.

- 자랑스러운 아버지의 아들 창용 올림 -

# Part VI
# 송문석, 나는 누구인가?

# 1. 나의 어린 시절

나는 3남 4녀 중 여섯째로, 제주시 구좌읍 한동리에서 태어났다. 한동은 제주의 동쪽 바람 많은 마을이다. 너른 밭과 푸른 바다가 한눈에 들어오던 곳, 그곳에서 나는 어릴 적 뿌리를 내리고 자랐다.

내가 자라던 집은 대가족이었다. 할아버지, 할머니를 비롯해 부모님, 그리고 일곱 남매까지 모두 열한 명이 안거리와 밖거리를 오가며 살았다. 요즘 같으면 상상하기 힘든 대가족이지만, 그 시절에는 흔한 풍경이었다. 사람과 사람 사이의 거리가 늘 가까웠고, 누군가의 숨결이 늘 곁에 머물렀다. 웃음과 울음, 다툼과 화해가 한 지붕 아래 얽히며 매일이 작은 드라마처럼 흘러갔다.

나는 부족한 듯 보였지만 나름의 역할을 찾으려 애썼다. 초등학교에 막 들어설 무렵, 일찍 집에 돌아오면 밭일을 마치고 돌아올 가족들을 위해 큰 솥에 물을 데워놓았다. 굴묵을 때어 방을 데우는 일도 맡았다. 그것은 어쩌면 누군가가 시켜서 한 것이 아니라, 나 스스로 찾아서 한 일이었다. 어린 나이에 힘들다고 느끼지도 않았다. 오히려 당연하게 여겼다. 때로는 친구들과 놀다 잊어버리기도 했지만, 그 과정에서 '스스로 해야 한다.'는 태도가 내 안에 자리 잡았다.

돌이켜보면 우리 세대가 공통으로 지니고 있는 힘은 바로 '스스로 하는 능력'이었다. 부족한 것 투성이였던 시절, 누구나 주어진 몫을 찾아 나서야 했고, 그 속에서 자립심이 길러졌다. 아마도 지금 내가 교육자로서 살아가며 스스로 길을 내고자 하는 뿌리는 그때 심어진 것이라 생각한다.

**아버지와 어머니의 가르침**

어린 시절의 나는 아버지에게서 많은 가르침을 받았다. 아버지는 언제나 농부의 삶을 바탕으로 사물에 대한 관심과 올곧음을 강조하셨지만, 그것이 단순히 옳고 그름을 따지는 도덕적 잣대에 머물지 않았다. "옳고 그름보다 다름을 인정하라."라는 말은 내 인생의 좌표가 되었다. 사람을 평가할 때, 눈앞의 잘잘못만 보는 것이 아니라 그 뒤에 있는 사정과 맥락, 그리고 더 넓은 삶의 흐름을 헤아려야 한다는 의미였다.

어머니는 당신은 늘 참을성과 자제력, 넓은 품을 가진 깨어있는 분이셨다. 바람 많고 거친 섬에서 살아가는 어머니의 삶은 늘 인내와 절제가 필요했다. 어머니는 작은 일에도 화를 내지 않고, 묵묵히 견뎌내셨다. 그 모습은 내게 말 없는 가르침이 되었다. 그러면서도 내가 고향으로 돌아와 살겠다는 말에 사람은 태어나서 고향으로 돌아오는 것보다는 고향을 위해 무엇을 할 것인가를 말씀하셨다. 결국 나는 아버지에게서 '넓은 시선'을, 어머니에게서 '깊은 내면'을 배웠다.

내 고향 한동리는 바람이 많아 늘 들판의 곡식들이 흔들렸고, 사람들의 삶도 그만큼 유연했다. 바람에 쓰러지지 않으려 서로 기대어 서는 법을 배웠고, 자연 앞에서 겸손할 수밖에 없었다. 바다는 늘 가까웠고, 하늘은 넓었다. 그 풍경은 내 마음에 애향심을 심어주었다.

어디에 있든 한동의 바람 냄새와 흙 냄새는 늘 내 안에 남아 있었다. 그래서 교육자로 살아오며, 나는 늘 '제주 아이들'과 '제주 교육'을 향한 마음을 놓지 않았다. 내가 가진 학문적 성취나 교육적 신념은 결국 한동에서 길러진 애향심과 공동체적 감각에서 비롯된 것이라 할 수 있다.

세월이 흘러 나는 교사가 되었고, 교감과 장학관을 거쳐 지금은 서귀중앙여중 교장으로 서 있다. 수많은 제자들과 동료들 속에서 나는 늘 '함께 배우고 함께 성장한다.'는 교학상장의 길을 걸어왔다.

학문적으로는 문학을 사랑했고, 결국 문학박사 학위를 받아 『시 텍스트의 창작과 수용방법 연구』라는 논문을 남겼다. 『인지시학』, 『예술의 기호, 기호의 예술』, 『신화 비밀코드』 등 여러 저서를 통해 학문과 삶을 잇는 다리를 놓고자 했다. 제주 신화와 예술, 그리고 언어에 담긴 정신을 후대에 전하고 싶었다.

나는 단순히 국어 교사로만 살고자 하지 않았다. 교육행정과 입학사정관 제도, 논술 프로그램 개발 등 다양한 길을 걸으며 제주 교육의 새로운 가능성을 모색했다.

나는 여전히 "나는 누구인가?"라는 질문 앞에 서 있다. 교사이자 교육행정가, 문학인, 그리고 한동 출신의 제주 사람. 그러나 그 모든 이름을 관통하는 한 가지가 있다면, 그것은 "스스로 길을 찾아 나아가는 사람"이라는 것이다.

대가족 속에서 작은 역할을 찾아 해내던 어린아이, 올곧음과 인내를 배웠던 아버지와 어머니의 아들, 바람 많은 한동리에서 자라며 공동체의 힘을 배운 소년. 그 모든 것이 모여 오늘의 나, 송문석을 만들었다.

나는 앞으로도 여전히 배우며, 또 가르치며 살아갈 것이다. 그리고 제주라는 뿌리 위에서, 교육자로서의 남은 길을 걸어가려 한다.

## 2. 초·중·고 이야기
### – 교훈 속에 선 나의 길

나는 한동초등학교 시절, 그냥 평범한 개구쟁이 중 한 명이었다. 여름이 오면 친구들과 1km 떨어진 바다로 달려가 하루 종일 물장구를 치며 놀았다. 그 무렵의 나는 세상의 모든 것이 놀이였고, 학교는 친구들을 만나는 놀이터에 불과했다. 그러나 그 시절의 작은 사건 하나가 내 삶의 지표를 바꾸는 씨앗이 되었다.

바닷가에서 신나게 놀다 집으로 돌아오던 길, 밭에 탐스럽게 익은 수박이 눈에 들어왔다. 우리는 은밀하게 작전을 짰다. 나는 망을 보고, 친구 두 명이 수박을 따기로 했다. 하지만 그 순간, 원두막에서 들려온 "이놈들!" 하는 고함은 우리를 얼어붙게 했다. 도망칠 틈도 없었다. 다가온 이는 동네 삼촌이었다. 꾸중을 예상했으나, 삼촌은 우리에게 오히려 익은 수박을 직접 따서 나눠주며 말했다.

"먹고 싶으면 말해야지. 밭은 그냥 함부로 망치면 안 된다."

그날 나는 관용이라는 가르침을 배웠다. 잘못을 저질렀음에도 따뜻하게 품어주는 어른의 태도는, 두려움 속에서도 부끄러움과 동시에 따뜻함을 안겨주었다. 지금도 교직에서 아이들의 실수를 마주할 때, 나는 종종 그때의 삼촌을 떠올린다. 아이들은 누구나 실수한다. 중요한 것은 꾸짖음만이 아니라, 실수 속에서 배움을 얻게 하는 관용이다. 이것이 바로 한동초의 교훈 "씩씩하게, 슬기롭게, 아름답게" 가 내게 심어준 첫 번째 삶의 지표였다.

중학교에 진학한 나는 여전히 책과 놀이에 마음을 두었지, 공부에는 큰 흥미가 없었다. 집에 오면 가방을 던져놓고 곧장 밖으로 뛰쳐나가 친구들과 어울렸다. 그러나 국어 수업 시간, 선생님이 물었던 어휘의 뜻에 내가 정확히 대답했을 때 들은 한마디 칭찬이 내 마음을 흔들었다.

"잘했구나. 네가 정확히 알고 있네."

그 순간의 짧은 칭찬은 국어라는 과목을 특별하게 만들었다. 다른 과목은 시험기간이 아니면 외면했지만, 국어만큼은 공부하고 싶은 마음이 생겼다. 그 작은 칭찬이 내 안의 가능성을 열어준 것이다. 세화중학교의 교훈 "자주, 성실, 창조"는 단순한 구호가 아니었다. 스스로 길을 찾고, 성실함으로 노력하며, 창조적으로 가능성을 키워가야 한다는 뜻이었다. 지금 교단에 서 있는 나에게도 여전히 남는 질문은 이것이다. 나는 아이들의 작은 장점을 발견하고, 그 가능성을 칭찬으로 북돋워 주는 교사였을까?

　고등학교는 사학의 명문 전통의 오현고였다. 2학년까지 나는 자취 생활에 서툴렀고, 공부할 시간도 마음도 없었다. 그저 학교에서 주어진 수업만 소화하는 것이 전부였다. "왜 공부해야 하는가?"라는 질문에 뚜렷한 답을 찾지 못한 채 하루하루를 보냈다. 그러던 내가 3학년에 올라 국어교육과를 목표로 하게 된 것은 스스로도 의아한 전환이었다. 자연계열 반에 있던 내가 결국 인문계열을 선택하게 된 배경에는, 어릴 적부터 이어져 온 책에 대한 애정과 국어 선생님으로부터 받았던 칭찬이 씨앗이 된 것임을 지금은 알 수 있다.

　오현고의 교훈은 "학행일치"였다. 배운 것을 삶 속에서 실천해야 한다는 그 말은 단순한 훈계가 아니었다. 당시에는 실천이란 말이 추상적으로만 들렸지만, 교직에 선 지금에서야 그 의미를 절실히 깨닫는다. 배우는 것과 행하는 것은 다르지 않다. 교사로서 아이들에게 전하는 말이 나의 삶 속에서 실천되지 않는다면, 그 가르침은 공허할 수밖에 없다.

　돌아보면, 초·중·고 시절의 나는 크게 특별할 것 없는 아이였다. 그러나 각 학교의 교훈은 나도 모르는 사이 내 삶의 뿌리를 만들고 있었다. 한동초에서 배운 관용과 따뜻함, 세화중에서 배운 성실과 창조의 가치, 오현고에서 배운 학행일치의 정신은 오늘의 나를 세운 기둥이 되었다.

지금 교사로서 아이들 앞에 서 있을 때, 나는 종종 묻는다. "나는 과연 아이들에게 그 교훈을 삶으로 보여주고 있는가?" 그 질문은 여전히 나를 부끄럽게 만들기도 하고, 동시에 나를 앞으로 나아가게 만든다.

아이들은 늘 실수한다. 그러나 그 실수 속에서 배움을 얻을 수 있도록 관용으로 품어주는 것, 작은 장점을 발견하고 칭찬으로 꽃피우게 하는 것, 그리고 가르치는 삶을 내 삶 속에서 먼저 실천하는 것. 이것이야말로 내가 걸어온 길이자, 앞으로 걸어갈 교사의 길이다.

## 3. 대학 시절
– 정의와 진리를 찾아 나선 시간

1982년, 나는 제주대학교의 교문을 처음으로 들어섰다. 그 순간의 설렘은 오래 가지 않았다. 대학이라는 배움의 공간에서 내가 마주한 것은 책과 학문의 세계 이전에, 사회의 모순과 부조리였다. 교정 안팎에 감돌던 공기는 긴장으로 가득했고, 강의실에서 배우는 지식보다 더 절실한 것은 거리에서 터져 나오는 외침이었다.

당시 우리나라의 현실은 국민 앞에 총부리를 겨누는 군부 독재의 시대였다. 정의는 침묵했고, 진리는 억눌려 있었다. 신입생의 설렘을 안고 들어간 대학은 나를 단숨에 사회의 한복판으로 끌어냈다. 제주대학교의 교훈 "정의, 진리, 창조"는 그저 교정 담

벼락에 새겨진 글귀가 아니었다. 그것은 우리에게 선택을 요구하는 날카로운 물음이었다. "너는 침묵할 것인가, 아니면 행동할 것인가."

나는 결국 행동을 선택했다. 강의실보다 교문 앞에서 보내는 시간이 더 많았다. 수업이 끝나면 우리는 삼삼오오 모여 토론을 했고, 그 토론은 언제나 분노와 절망, 그리고 희망의 언어로 채워졌다. 교문 밖으로 나서면 곧바로 투쟁의 현장이었다. 피켓을 들고, 구호를 외치고, 때로는 전경들과 몸으로 부딪쳤다. 최루탄 냄새에 눈물이 쏟아지고, 심장은 두려움과 분노로 뛰었다. 그러나 그 모든 순간이 '정의'를 지키기 위한 길이라 믿었기에 물러서지 않았다.

군 복무를 다녀온 이후에도 상황은 달라지지 않았다. 오히려 더 깊은 각오로 투쟁의 길에 서야 했다. 민주주의의 회복은 단지 정치적 구호가 아니었다. 그것은 우리가 살아갈 세상, 후배와 동생들에게 물려줄 미래를 위한 선택이었다. 정의와 진리를 붙잡지 않는다면, 학문과 창조의 자유도 허울뿐이라는 것을 우리는 알았다.

386세대라는 이름으로 불리게 된 우리 세대의 대학 생활은, 지금 돌이켜보면 배움의 과정이자 치열한 성장의 시간이었다. 책 속의 지식은 거리에서 울려 퍼지는 구호와 연결되었고, 강의실의 이론은 투쟁 속에서 비로소 살아 있는 진리가 되었다. 때로는 체포의 두려움에 밤을 지새우기도 했고, 동료가 끌려가는 모습을 보며 분노와 무력감에 사로잡히기도 했다. 그러나 동시에 우리는 함께였기에 버틸 수 있었다.

지금도 기억난다. 제주대학교 교정에 울려 퍼지던 "민주주의여, 다시 서라!"는 외침. 그 함성은 나의 청춘을 불태운 언어였다. 정의는 책 속에서 배우는 개념이 아니라, 불의에 맞서 싸우는 행동 속에서 살아 있음을 알았다. 진리는 강의실의 필기노트에 적힌 문장이 아니라, 거리에서 서로의 눈빛을 확인하며 나누던 약속이었다. 그리고 창조는 단순히 새로운 지식을 만드는 것이 아니라, 억압된 사회를 넘어 새로운 세상을 함께 그려가는 꿈이었다.

돌이켜보면, 대학 시절의 나는 학문보다 시대를 먼저 배웠다. 그러나 그것은 결코 헛된 배움이 아니었다. 민주주의를 향한 몸부림 속에서 나는 인간과 사회, 정의와 진리, 그리고 삶의 본질을 배웠다. 그것이야말로 제주대학교가 내게 준 가장 큰 선물이었다.

오늘 교단에 서 있는 나는 종종 그 시절의 나를 떠올린다. 학생들과 마주할 때, 나는 그들에게 단순히 지식만을 전하는 것이 아니라, 정의와 진리를 지켜내려 했던 나의 청춘을 함께 전하고 싶다. 교훈은 여전히 내 삶의 지표다. 정의, 진리, 창조. 그것은 1980년대 암울한 시대를 뚫고 나온 나의 청춘의 이름이자, 지금도 교육자로 살아가는 나의 발걸음을 이끄는 등불이다.

# 4. 아내와의 만남
## - 기다림으로 시작된 인연

군 복무를 마치고 복학한 학교는 여전히 민주화를 향한 뜨거운 함성으로 가득 차 있었다. 교정은 언제나 토론과 회의, 시위 준비로 분주했고, 그 속에서 하루하루는 쉼 없이 흘러갔다. 나는 사회가 변해야 한다는 의무감에 사로잡혀 있었고, 그 사명감이 때로는 내 주변의 소중한 사람들을 돌아볼 여유를 앗아가기도 했다.

그날도 그랬다. 평범한 오후, 나는 몇몇 후배들과 함께 학교를 내려오고 있었다. 그런데 문득 중요한 회의가 있다는 사실이 떠올랐다. 급히 발걸음을 멈추고, 나는 곁에 있던 한 여학생에게 가방을 건넸다.

"5분만 기다려. 금방 다녀올게."

나는 정말로 5분이면 끝날 일이라고 믿었다. 그러나 회의란 언제나 예상과 다르게 길어졌다. 토론은 꼬리를 물고 이어졌고, 상황은 쉽게 정리되지 않았다. 결국 5분이라던 약속은 두 시간이 훌쩍 넘어서야 끝이 났다. 건물 밖으로 뛰어나오면서도 마음 한구석이 조급했다. 혹시 기다리지 않고 떠나버리지는 않았을까?

그러나 약속한 장소에 도착했을 때, 그녀는 여전히 그 자리에 있었다. 다만 표정은 화로 굳어 있었다. 가방을 휙 내밀고는 아무 말 없이 돌아서 가버렸다. 그 순간 나는 알았다. '참 많이 화가 났구나.' 하지만 동시에 가슴 한켠이 이상하게 떨렸다. 두 시간을 묵묵히 기다려 준 그 마음이, 단순한 성격의 문제만은 아니라는 것을 느꼈기 때문이다.

그 후 그녀와 나는 자연스레 가까워졌다. 처음에는 단순히 학교 선배와 후배로, 그러나 시간이 지나면서 서로의 삶을 조금씩 나누게 되었다. 민주화를 향한 뜨거운 열기 속에서도, 그녀와의 대화는 내게 잔잔한 위로가 되었다. 바쁜 일상 속에서 잊고 있던 웃음과 따뜻함을 그녀가 다시 찾아주었다.

지금 생각하면, 그날의 두 시간이 우리의 인연을 맺어준 운명의 장난 같기도 하다. 약속을 어기고 늦게 돌아온 나를 향해 화를 내면서도, 끝내 자리를 지키고 있던 그녀의 모습은 지금까지도 내 마음에 선명히 남아 있다. 그 기다림은 단순한 분노가 아니라, 묵묵히 지켜주는 신뢰의 시작이었다.

세월이 흘러, 그 후배는 이제 나의 아내가 되었다. 그리고 지금은 현직 국어교사로 교단에 서 있다. 함께 교직의 길을 걸으며, 우리는 때로는 동지처럼, 때로는 경쟁자처럼 서로를 바라보았다. 교실에서 아이들과 마주하는 시간만큼이나 가정에서 서로를 이해하고 존중하는 시간이 우리 부부의 또 다른 배움의 과정이었다.

첫째 딸이 태어났을 때, 우리는 부모라는 또 다른 길 위에 섰다. 아이가 웃고 우는 작은 순간마다 삶의 무게와 기쁨이 함께 찾아왔다. 이어 둘째 아들이 태어나면서 우리의 가정은 비로소 완성된 듯했다. 두 아이는 자라 수도권에서 각자의 길을 찾아 직장 생활을 하고 있다. 이제는 부모로서 그들의 삶을 멀리서 지켜보며 응원하는 것이 우리의 몫이 되었다.

돌아보면, 아내와의 인연은 기다림으로 시작해 지금까지 이어져 왔다. 그날 그녀가 두 시간을 버티지 않았다면, 아마 우리의 이야기는 없었을지도 모른다. 그때는 화가 난 얼굴로 가방을 내던졌지만, 그 속에는 책임감과 성실함이 담겨 있었다. 나는 지금도 그때의 기다림을 떠올리며 웃곤 한다. 요즘 세상 같았으면? 글쎄, 아마 "얄짤없었을 것"이다. 하지만 그 시절의 순수한 기다림은 오늘의 우리를 만들었다.

이제는 내가 기다려야 할 차례다. 바쁜 교직 생활 속에서도 아내는 늘 묵묵히 아이들과 마주하며, 자신이 맡은 길을 성실히 걸어간다. 그런 그녀를 존중하며, 나는 그 기다림을 기꺼이 감내

한다. 인생의 동반자란 결국 서로를 기다려주는 존재 아닐까.

아내와의 만남은 내 인생에서 가장 큰 선물이다. 뜨거운 투쟁의 시절 속에서 피어난 인연이었고, 지금은 평생의 동반자가 되었다. 두 아이를 함께 키우며 흘린 땀과 눈물, 그리고 수많은 웃음 속에 우리의 이야기가 있다. 그리고 그 모든 시작은 가방을 들고 두 시간을 묵묵히 기다려 준 한 여학생의 얼굴에서 비롯되었다.

# 5. 가족 이야기
## – 기다림과 응원 속에서

우리 가족은 네 식구다. 나와 아내, 그리고 딸과 아들. 숫자로는 단출한 구성일지 모르지만, 그 속에 담긴 이야기는 결코 짧지 않다.

나는 늘 바쁘게 살았다. 학교에서, 교단에서, 그리고 사회에서 무언가를 하고 또 해내야 한다는 강박 같은 것이 내 삶을 채웠다. 그 때문에 가족과 함께하는 시간은 늘 부족했다. 가족여행 한 번도 마음 편히 다녀오지 못했고, 아이들이 크는 순간마다 옆에서 지켜봐야 할 때에도 나는 회의나 업무 혹은 연구로 시간을 보내기 일쑤였다.

그 빈자리를 채운 것은 아내였다. 집안 일과 육아, 모든 무게를 묵묵히 짊어진 사람이 바로 아내였다. 내가 집안일에 소홀할 때에도, 아이들이 어리광을 부리고 울 때에도, 아내는 늘 든든한 버팀목이 되어주었다. 그 세월을 생각하면 지금도 고개가 숙여진다.

아이들은 그런 부족한 아빠 밑에서도 잘 자라주었다. 딸은 언제나 따뜻했고, 아들은 씩씩하게 성장했다. 지금은 두 아이 모두 수도권에서 각자의 길을 찾아 직장생활을 하고 있다. 그 길을 걷게 한 힘은 아마도 나의 지도가 아니라, 아내의 헌신과 아이들 스스로의 단단한 마음일 것이다. 그럼에도 아이들은 아빠를 원망하지 않았다. 오히려 부족했던 나를 이해해주고 가끔은 미소로 감싸주었다.

이제 나는 교직에서 긴 시간을 마무리하고 퇴직이라는 길목에 서 있다. '교단을 떠난 후 무엇을 할 수 있을까, 어떤 길을 가야 할까' 고민이 많았다. 그런데 가족회의 자리에서 딸과 아들이 내게 말했다.

"아빠, 그동안 쌓아온 경험과 역량을 사회에 돌려주세요. 아빠 같은 분이 필요한 곳이 많을 거예요."

그 말은 나를 울렸다. 그토록 함께하지 못한 세월에도, 아이들은 아빠를 응원해주고 있었다. 그리고 아내 역시 그 자리에 있었다. 지난 세월 나 대신 아이들의 곁을 지켜준 아내는 여전히 변함없이 내 편이 되어 주었다. 그 순간, 나는 깨달았다. 나의 삶은 혼자가 아니라 늘 가족과 함께였음을.

앞으로의 길은 아직 정해지지 않았다. 그러나 한 가지 분명한 것은 있다. 나는 더 이상 혼자 달려가는 사람이 아니라는 것이다. 나를 묵묵히 기다려준 아내, 그리고 아빠를 믿고 응원해주는 아이들. 그들의 마음이 있기에, 나는 퇴직 후의 삶을 두려움이 아니라 감사로 시작할 수 있다.

돌아보면, 내 인생은 늘 누군가의 기다림과 응원 위에 서 있었다. 아내는 나의 빈자리를 채워주었고, 아이들은 나의 부족함을 이해해주었다. 그리고 지금은 그들이 나의 새로운 길을 밀어주고 있다.

그래서 나는 다짐한다. 이제 남은 삶은 나만의 것이 아니다. 가족이 지켜준 그 세월에 보답하는 길은, 내가 가진 것을 사회에 나누는 것이다. 그것이야말로 아내와 아이들의 오랜 기다림과 응원에 대한 가장 진실한 감사의 표현일 것이다.

〈성찰의 시간〉

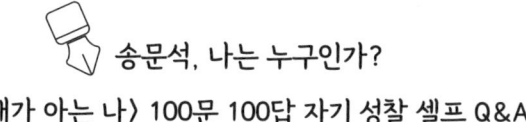 송문석, 나는 누구인가?
〈내가 아는 나〉 100문 100답 자기 성찰 셀프 Q&A

1. **이름은 누가 지어주셨나** : 부모님! 세상에 도움이 되는 업적 글(문)로 돌(석)에 새겨 세상에 남길 수 있는 사람이 되기를 바라는 마음으로

2. **태몽은** : 듣지 못함

3. **생일은 (양력/음력)** : 주민등록상에는 11월 14일로 되어있으나 어머님의 말씀을 바탕으로 정확한 생일을 추론하면 음력 1963. 12 .24

4. **혈액형** : A

5. **신체 사이즈** : 키 170cm / 몸무게 75kg

6. **출신학교나 잘하는 분야 또는 전공** : 한동초 / 세화중 / 오현고 / 제주대학교 / 문학박사 / 국어교육 / 논술교육 / 문학교육

7. **종교** : 불경 / 성경 / 신화 다 존중하고 좋아함

8. **취미** : 시간 나면 운동

9. **좋아하는 음식** : 커피, 대화하거나 생각을 깊이할 때 마다 땡김

10. **싫어하는 음식** : 없는데 콜라는 안 마심.

11. **자신의 성격은** : 인간관계는 부드러우나 토론은 날카롭다
12. **자신의 장점은** : 논리적 사고
13. **자신의 단점은** : 정에 약한 남자
14. **신체비밀** : 쓸개 없음 돌(석)이 이름에 들어있어서 그랬는지 담석이 들어 있어 쓸개없음.
15. **한달 용돈** : 순수용돈 30만원 기타 지출 많음
16. **평균 수면시간** : 6시간
17. **학창시절 가장 좋아했던 과목은** : 수학. 그런데 대학은 국어 전공 진학
18. **학창시절 가장 싫어했던 과목은** : 화학 그냥 이유 없이 화학식을 외우는 것이 싫었음
19. **꼭 만나보고 싶은 사람은** : 시대와 제주도를 고민했던 양용찬
20. **좋아하는 운동은** : 모든 운동. 요즘은 달리기
21. **즐겨 찾는 곳** : 도서관
22. **살면서 가장 즐거웠던 때** : 학생들과 함께 공부하면서 토론할 때
23. **살면서 가장 후회되는 때** : 평양방문 기회를 여름방학 보충수업 때문에 포기한 일
24. **살면서 가장 허무했을 때** : 열심히 설거지했는데 뒷마무리가 부실하다고 핀잔 받을 때
25. **살면서 가장 창피했던 때** : 초임 때 학생이 가져온 시를 해석

하지 못했을 때, 이후, 박사학위를 받고 시해설 유튜브 문학과 칼 진행 계기.

26. **살면서 가장 마음이 아팠던 때** : 학생이 사망했을 때
27. **사람을 평가하는 기준** : 말과 글 그리고 행동(인간적인가 논리적인가)
28. **가장 자신있는 요리** : 라면. 가끔 가족들이 내가 끓인 라면을 맛있게 먹음.
29. **가장 고마운 사람** : 부모님
30. **가장 재주가 없는 분야** : 미술이나 그림그리기
31. **가장 부러운 사람은** : 음악이나 미술 쪽에 재능있는 사람
32. **자신이 멋있게 보일 때** : 학생들이 수업에서 감동을 받을 때
33. **다시 가고 싶은 여행지** : 금강산
35. **좋아하는 색** : 파란색과 노란색
36. **가장 인상 깊은 책** : 유발 하라리가 쓴 〈넥서스〉 석기시대부터 AI까지 정보네트워크로 보는 인류 역사
37. **주량** : 좋아하지 않아서 잘 안 마심. 부득이 마시면 소맥 5잔
38. **술버릇** : 없음. 술을 마시면 말수가 약간 줄어들고 다른 사람의 말을 듣는 것을 좋아함
39. **민원을 어떻게 생각하나** : 민원인의 태도를 걷어내면 우리가 해결해야 할 문제를 찾을 수 있다고 생각함
40. **위기 학생이란** : 현재의 교육과정과 맞지 않는 학생. 하루

종일 책상에 앉아 있는 것을 힘들어하는 학생들이 토끼를 잡으러 다니는 시대였다면 우등생이 될수도 있음

41. **살면서 가장 힘들어 하는 것은** : 목표를 설정하지 못하거나 문제의 본질을 보지 못할 때
42. **스트레스 해소법** : 6~7km 달리기
43. **자신의 외모에 점수를 매긴다면** : 장비를 닮은 포청천과동일
44. **기억에 남는 말은** : 남들과 같이 생각할 수도 있어야 하지만 다르게 생각해보는 것도 필요하다. (아버지에게 자주 듣던 말)
45. **인생의 터닝 포인트** : 청소년 기후행동연대의 연극 사랑 혹은 사랑법. 편안한 삶에 빠져있는 나를 처절하게 반성하게 함
46. **즐겨보는 TV 스포츠** : 야구와 당구 그리고 바둑
47. **로또 1등에 당첨되면** : 연구자를 위한 도서관을 짓고 싶다. 부족해서 못지을 것 같으면 연구자를 위한 도서관을 짓는 사업에 기부
48. **지금 제주교육의 가장 큰 문제는** : 교육의 행정화와 행정화된 교육과정. 학생들이 잠재력을 키우지 못하는 점
49. **힘들 때 의논 상대는** : 보이는 사람이면 아무나, 말을 걸어 같이 토론
50. **가장 이상적인 이상형은** : 상대방을 존중하면서 생각을 나눌 수 있는 사람

51. **집착하거나 애지중지하는 물건** : 물건은 없지만 사람은 매우 소중하다고 생각함
52. **징크스** : 없음
53. **가장 좋아하는 연예인** : 없음
54. **애완동물** : 없음
55. **소통이란** : 말을 주고 받는 것이 아니라 공통의 문제를 해결하기 위해 서로 토론하고 협의 하는 것
56. **교사란** : 학생들의 성장을 사고의 중심에 놓은 사람
57. **초등학교 시절 장래 희망은** : 선생님
58. **기억에 남는 영화** : 늑대와 춤을 / 살인의 추억
59. **화났을 때 하는 행동** : 목소리가 커진다. 그러면 내가 화났네 라고 자신을 인지한다.
60. **인간관계에서 가장 중요한 것** : 연락-보고-상담
61. **다른 사람에게 칭찬받으면** : 기분 좋지만 쑥스러워한다.
62. **받은 교육 중 가장 기억에 남는 교육은** : 할아버지에게 배웠던 천자문
63. **남들이 나를 인정해주고 있는 점은** : 부드러운 문제해결력
64. **살면서 가장 잘한일이라고 생각하는 것은** : 교육자가 된 일
65 **가장 나쁜 버릇** : 특별히 없음
66. **멘토나 롤모델** : 책과 학생
67. **어린시절 별명은** : 문돌이(文石)

68. 약속시간 얼마나 기달릴 수 있나 : 한시간(30분 지나면 확인 전화함)

69. 자신의 건강관리 : 6~7km 달리기 및 헬스

70. 내일 지구의 종말의 온다면 : 학생들을 안전지대로 대피시킴

71. 가장 좋아하는 노래 : 응원가(못 불러도 악(樂)을 쓰면 됨)

72. 치킨은 양념이 좋나 후라이드가 좋나 : 양념

73. 여자와 남자의 차이 : 없음

74. 보충하고 싶은 능력 : 노래 잘하고 싶다.

75. 엄마에게 자주 듣던 말 : 일 줄이고 편하게 살라

76. 가장 친한 친구는 : 초중고 동창들

77. 외계인이 있다고 생각하나 : 외계인은 몰라도 외계 생명은 있다고 생각함

78. 사후세계가 있다고 생각하는가 : 죽으면 풀이되고 소가 먹고 등의 과정을 거쳐 순환한다고 생각

79. 세상에서 가장 아름다운 것은 : 학생들을 성장시키는 것

80. 특이한 습관은 : 하루 시작은 커피로

81. 남들이 나를 인정해주는 것은 : 다른 사람을 잘 인정해주는 것

82. 가장 좋아하는 영어 단어 : understand (이해하려면 상대방 under에 stand 해야 함)

83. 가장 좋아하는 한자 : 마음 心(심)

84. 살면서 가장 잘한 일 : 교육자가 된일

85. **지금 쓰고 있는 휴대폰** : 삼성 스마트폰

86. **중요한 우선순위** : 학생 가족 건강 인간관계

87. **가장 먹고 싶은 것** : 다 잘 먹음

88. **이기고 지는 승부에 강한가** : 사안에 따라 다르나 승부욕 있음

89. **내가 생각하는 행복이란** : 자기 하고 싶은 일을 하는 것

90. **자주 방문하는 인터넷 사이트** : 자주는 아니나 가끔 매불쇼

91. **죽기 전에 꼭 하고 싶은 것은** : 가족들과 세계여행

92. **자신을 팔수 있는가** : 비매품. 팔릴 것 같지 않아서

93. **내가 지금까지 하면서 가장 대견하다고 생각한 때는** : 책 집필이 끝났을 때

94. **내가 쓴 책의 제목은** : 인지시학, 예술의 기호 기호의 예술, 신화비밀코드, 문사철지능논술, 송문석의 교단 36년 바람 많은 섬에서 뿌리깊은 나무처럼 등

95. **듣기 싫은 칭찬은** : 손이 예쁘다. 일을 안했다는 뜻으로도 들려서

96. **회의를 주재할 때 신경쓰는 부분** : 경직된 분위기 풀기

97. **특이한 습관** : 없음

98. **특별히 받고 싶은 선물** : 아들 결혼, 딸은 했으니 아들 차례인데..

99. **좋아하는 선물** : 커피

100. **내가 다시 태어나서 직업을 고른다면** : 교육자

### 에필로그

⟨나의 길은 끝이 아니라, 또 다른 시작⟩

36년의 교직 인생을 돌아보면, 그 모든 시간이 한 편의 긴 영화처럼 스쳐간다. 첫 교단에 서던 날의 떨림, 아이들의 눈빛에서 배움을 얻었던 순간들, 때로는 벅찬 감동에 눈물이 솟구쳤던 날, 또 때로는 가슴을 치며 자책하던 날들, 그 모든 장면이 겹겹이 쌓여 지금의 나를 만들었다.

나는 교사로 살며 늘 배웠다. 교단은 나에게 가르침의 자리가 아니라 함께 배우는 자리였다. 교학상장(敎學相長), 가르치며 배우면서 서로 함께 성장한다는 말은 내 인생을 설명하는 가장 진실한 문장일 것이다. 아이들이 웃으며 건네던 작은 말 한마디, 때로는 눈물 속에 토해내던 고백은 나의 교과서였고, 나의 스승이었다.

제주는 바람의 섬이다. 이 바람은 사람을 외롭게도 만들지만, 동시에 단단하게도 세운다. 흔들리면서도 꺾이지 않고, 쓰러지더라도 다시 일어서는 힘을 가르쳐준다. 나는 이 섬에서 교사로 살아오며, 바람에 견디는 나무처럼 뿌리를 깊이 내려야 한다는 사실을 배웠다. 그 뿌리는 바로 제자들이었고, 학부모였으며, 함께 걸어온 동료 교사들이었다.

　이제 나는 퇴임을 앞두고 있다. 분필 가루가 흩날리던 칠판은 전자 칠판과 태블릿으로 바뀌었고, 아이들의 학습 환경은 디지털과 네트워크로 넓어졌다. 그러나 변하지 않은 것이 있다면, 아이들의 반짝이는 눈빛이다. 그 눈빛만은 여전히 교사의 심장을 뛰게 하고, 희망을 믿게 한다.

　나는 늘 자문했다. "나는 어떤 교사였는가. 아이들에게 무엇을 남겼는가." 완벽한 교사는 아니었다. 때로는 아이들을 충분히 품지 못했고, 때로는 행정과 현실에 지쳐 웃음을 잃기도 했다. 그러나 적어도 나는 아이들과 함께 배우고 성장하려는 마음만큼은 놓치지 않았다. 그것이 나의 교직 36년의 진심이었다.

　이제 교단을 내려오며, 나는 또 다른 길목에 서 있다. 나의 길은 여기서 끝나는 것이 아니다. 오히려 지금부터가 시작이다. 교육 현장에서 쌓아온 경험과 지혜를 사회와 나누고, 후배 교사들과 함께 고민을 나누며, 제주 교육의 미래를 위해 작은 힘이라도 보태고 싶다.

　가족은 이 길을 응원해주었다. 늘 집안일과 육아를 도맡으며 내 곁을 지켜준 아내, 아빠의 빈자리를 이해하며 자라준 딸과 아들. 그들의 기다림과 용서, 그리고 믿음이 없었다면 나는 이 길을 끝까지 걸어올 수 없었을 것이다. 이제 그들에게 보답하는 삶을 살고 싶다. 가족이 지켜준 세월을 사회와 나누는 것이, 나의 마지막 교훈이자 실천이 될 것이다.

아이들아, 제자들아. 나는 이제 교실에서 매일 너희를 만날 수는 없지만, 언제나 너희 곁에서 응원하는 한 사람으로 남아 있을 것이다. 교사의 자리에서 내려온다고 해서 제자가 사라지는 것은 아니다. 내 마음속에 너희는 영원히 남아 있다.

후배 교사들에게도 말하고 싶다. 교사는 단순히 지식을 전하는 사람이 아니다. 아이의 눈빛을 읽고, 그 눈빛 속에서 세상의 미래를 보는 사람이다. 그 길이 외롭고 힘들더라도, 결국 그것은 가장 고귀한 길임을 잊지 않기를 바란다.

오늘, 나는 다시 바람 많은 섬 제주를 바라본다. 바람에 흔들리는 나무들이 오히려 더 단단하게 뿌리를 내리듯 제주 교육도 그 바람 속에서 더 강하게, 더 깊게 뿌리내릴 것이라 믿는다. 그리고 그 위에 내일의 아이들이 자라날 것이다.

36년의 여정을 마치며, 나는 안다. 나의 길은 끝이 아니다. 또 다른 시작이다. 이제는 교단이라는 울타리를 넘어 더 넓은 세상 속에서 나의 배움과 경험을 나누며 살아가리라. 그것이 내가 걸어온 길의 마침표이자 동시에 새로운 문장의 첫머리다.

송문석의 교단 36년
〈 바람 많은 섬에서 뿌리 깊은 나무처럼 〉

초판 1쇄 발행 2025년 9월 30일

저자 송문석
발행 김세우
편집 장한별
기획 및 자료수집 남진희
교정 정민순, 이나리, 김예은
디자인/ 마케팅 KSS 노하우석세스시스템
유통 케이에스에스

펴낸 곳 케이에스에스출판사  출판등록 제16-3482호
주소  서울시 강남구 테헤란로 14길 8, 624호
연락처 02-555-4049   팩스 0303-3445-4059
이메일 kssystem@naver.com


값 15,000원
ISBN 978-89-97942-43-5 13370

이 책은 저작권법에 따라 보호 받는 저작물이므로 저자와 본사의 허락없이
무단전재, 무단복제, 전자출판을 금지합니다.
잘못 만들어진 책은 구입하신 서점에서 교환해드립니다.